奏聖主德盛教隆恭候訓示

奏為遵

旨伏設學堂酌擬教規謹將時試辦章程繕單呈

覽恭摺仰祈

聖鑒事竊臣伏查光緒二十七年八月初二日

上諭作育人才端在修明學術降旨飭令京師已設大學堂

應行切實整頓。外者各省所有書院，於省城均改設大學堂，各府及直隸州均設中學堂，各州縣均設小學堂，並多設蒙養學堂。其教法當以四書五經、綱常大義為主，以歷代史鑑及中外政治藝學為輔，務使文行交修，講求實用，方副朕圖治作人

所有聘請教師、安定規程及學生卒業應如何選擇，鼓勵一切詳細章程，著該管督撫學政切實通籌，妥議具奏。其各省現已規模既定，著即認真舉行，毋得視為具文。欽此。

仰見
皇上興學育才、勤求賢俊、教化士民，淵深宏遠，同深庶幸。

竊惟國勢之強弱，視乎人才；人才之盛衰，原於學校。學校者，人才所由出，即國家所由立也。今日時局艱難，百端待舉，亟須興學儲才。而各省書院之制，雖名為學校，實與學校相去甚遠。中國學校之制，古制不可盡廢，亦不可拘泥，隨俗以安，斟酌損益，規制法佐，途徑亦未可。大都會同核設，以從得大都事，同創始院。

規制尚有頭緒而籌通盤

思齎假未及興辦暫以中興造艮假期將次屆滿適

奏八月初二日

諭旨銷假之後當即欽遵通飭各屬一律認眞並籌定

賚擇地先於省城次設大學堂以為之倡仍飭定

試辦章程四項會議辦法決去體規次訂課程

次籌經費請為我

皇太后

皇上約略陳之一曰辦法考各國學制必先由小學

而後升入中學由中學而後升入大學此通例

也現各屬應設之小學中學堂難以驟成而省區

城之大學堂又勢難久待欲得沈大學堂內區

分三等一備齋習淺近各學略如各州縣之小

學堂一正齋習普通學略如各府廳直隸州之

中學堂一專齋習專門學按大學堂之應設專

齋固一時無所取材故群有大學堂之名暫不

立專齋之課而先從備齋正齋入手俟正齋諸

生畢業有期再續訂專齋課程以資精進其備

以應代政治藝學為用,以中國經史國學為體,博大精深,廣博歷代史鑑。如與各國政治藝學同時並習,恐費日力,分其趣,既應既功,必須多設學堂,或至難期切實,恐反兩無所得,設家養學堂。凡挑選幼童,自十歲起,至十四歲止,此八年內專令講讀經史,並授以簡易天文地理,後選入備齋,隨時溫習。

初級藝學院入正齋,近為政治,先明其體,後達其用。現在議而未設,已列之列秋,可先用經義史論考選學生。

生挑選入備齋肄業,增以三百人為定額,以每年保送一次。十五歲以上,二十三歲以下,通解經史者,分設總辦,依限。在清辦各種圖書儀器,無慮應用者,酌量購置,以⋯⋯監督畢業,其學習各員,照章教習,慎選教習,以為合格者為之總辦。

肄業各士均應恭敬

博物樓書藏書局譯書局之大略也一曰修義

至聖先師孔子隆本省有諸先賢先儒每月朔望由教

習率領諸生行禮盂宮講

聖諭廣訓以律身心恭達

為壽聖節隆

至聖先師孔子誕日均須齋班行禮以誌慶賀恭其條

凡堂有定規書有定法講有定程習有時行禮有坐有序

出入有段各有職掌

規之大略也一曰課程備齋以兩年為畢業之

限溫習中國經史文學故並授以外國語言文字

志地輿算術各捷淺近之學正齋以四年為

畢業之限投書通學分政藝兩門攻學三中外治法

為三科一中國經學二中外史學三地

學藝學一門分為八科一第一年二天文學三地

學分八　生物學七　化學六　格物學五　童學四　測量則以　學身齋以經　須譯學

十門一　中國經學二　中外史學三　中外政學　四方言學五　商學六　工學七　礦學八　農學九　測量均

繪學十　醫學　功課分數填註曰記　功課餘眠均須　各齋各門須將　學生每日均須練習

體操此課程之大略也　掃除每月均須作中西　大字每年春秋二季考　兩法依

次曰經史諸國所五各等學校　每年中國不下千百里道所有車

經儲必須竭力以經營諸說現在中國不易惟恣當論學堂亭車急

額文之款醫需六萬兩兩之請其一切活支數目

為雜須計整須稅契一項顧有起色藏印以此項須隨時加增

本千曾學堂經費節令委員將師也現在四項租已起

須以期籌辦經費生開學試辨以想士方觀望之

綜上所考慮以此學生大略也

一　遇有應時
當省同經理其有未盡事宜仍當隨時
各堂在堂同員按照所定章程遞
增損之期於至善至當學堂及各府廳州縣應
設之中小學堂章程各條依次酌定逐漸推行
用以仰副

期其修明學術作育人才至意仰即民史有司各建

學宜以儲才儲才實以待用現在學堂初設成參此法

須顯示出身之路後于學成之餘路緒能臻盡善
興日新歲盛庶幾海內志士爭自濯磨裨益者多而
仰下天下及游庶會同禮部將定章早為議定而擇
明詔天下庶幾海內志士爭自濯磨裨益者多而
冠者亦永永為我

國家慶得人之盛臣等愚昧之見是否有當謹將遞
　旨於設學堂辦試錄章程另摺清單祇
　仰懇為此恭招具陳伏乞
皇太后
皇上聖鑒訓示謹
奏

"十二五"国家重点图书出版规划项目

文化系列

山东大学史话

A Brief History of Shandong University

刘培平　李彦英　主编

社会科学文献出版社
SOCIAL SCIENCES ACADEMIC PRESS (CHINA)

总　序

　　中国是一个有着悠久文化历史的古老国度，从传说中的三皇五帝到中华人民共和国的建立，生活在这片土地上的人们从来都没有停止过探寻、创造的脚步。长沙马王堆出土的轻若烟雾、薄如蝉翼的素纱衣向世人昭示着古人在丝绸纺织、制作方面所达到的高度；敦煌莫高窟近五百个洞窟中的两千多尊彩塑雕像和大量的彩绘壁画又向世人显示了古人在雕塑和绘画方面所取得的成绩；还有青铜器、唐三彩、园林建筑、宫殿建筑，以及书法、诗歌、茶道、中医等物质与非物质文化遗产，它们无不向世人展示了中华五千年文化的灿烂与辉煌，展示了中国这一古老国度的魅力与绚烂。这是一份宝贵的遗产，值得我们每一位炎黄子孙珍视。

　　历史不会永远眷顾任何一个民族或一个国家，当世界进入近代之时，曾经一千多年雄踞世界发展高峰的古老中国，从巅峰跌落。1840 年鸦片战争的炮声打破了清帝国"天朝上国"的迷梦,从此中国沦为被列强宰割的羔羊。一个个不平等条约的签订,不仅使中国大量的白银外流,更使中国的领土一步步被列强侵占,国库亏空,民不聊生。东方古国曾经拥有的辉煌,也随着西方列强坚船利炮的轰击而烟消云散,中国一步步堕入了半殖民地的深渊。不甘屈服的中国人民也由此开始了救国救民、富国图强的抗争之路。从洋务运动到维新变法,从太平天国到辛亥革命,从五四运动到中国共产党领导的新民主主义革命,中国人民屡败屡战,终于认识到了"只有社会主义才能救中国,只有社会主义才能发展中国"这一道理。中国共产党领导中国人民推倒三座大山,建立了新中国,从此饱受屈辱与蹂躏的中国人民站起来了。古老的中国焕发出新的生机与活力,摆脱了任人宰割与欺侮的历史,屹立于世界民族之林。每一位中华儿女应当了解中华民族数千年的文明史,也应当牢记鸦片战争以来一百多年民族屈辱的历史。

当我们步入全球化大潮的 21 世纪,信息技术革命迅猛发展,地区之间的交流壁垒被互联网之类的新兴交流工具所打破,世界的多元性展示在世人面前。世界上任何一个区域都不可避免地存在着两种以上文化的交汇与碰撞,但不可否认的是,近些年来,随着市场经济的大潮,西方文化扑面而来,有些人唯西方为时尚,把民族的传统丢在一边。大批年轻人甚至比西方人还热衷于圣诞节、情人节与洋快餐，对我国各民族的重大节日以及中国历史的基本知识却茫然无知，这是中华民族实现复兴大业中的重大忧患。

中国之所以为中国，中华民族之所以历数千年而不分离，根基就在于五千年来一脉相传的中华文明。如果丢弃了千百年来一脉相承的文化，任凭外来文化随意浸染，很难设想 13 亿中国人到哪里去寻找民族向心力和凝聚力。在推进社会主义现代化、实现民族复兴的伟大事业中，大力弘扬优秀的中华民族文化和民族精神，弘扬中华文化的爱国主义传统和民族自尊意识，在建设中国特色社会主义的进程中，构建具有中国特色的文化价值体系，光大中华民族的优秀传统文化是一件任重而道远的事业。

当前，我国进入了经济体制深刻变革、社会结构深刻变动、利益格局深刻调整、思想观念深刻变化的新的历史时期。面对新的历史任务和来自各方的新挑战，全党和全国人民都需要学习和把握社会主义核心价值体系，进一步形成全社会共同的理想信念和道德规范，打牢全党全国各族人民团结奋斗的思想道德基础，形成全民族奋发向上的精神力量，这是我们建设社会主义和谐社会的思想保证。中国社会科学院作为国家社会科学研究的机构，有责任为此作出贡献。我们在编写出版《中华文明史话》与《百年中国史话》的基础上，组织院内外各研究领域的专家，融合近年来的最新研究，编辑出

版大型历史知识系列丛书——《中国史话》，其目的就
在于为广大人民群众尤其是青少年提供一套较为完整、
准确地介绍中国历史和传统文化的普及类系列丛书，从
而使生活在信息时代的人们尤其是青少年能够了解自己
祖先的历史，在东西南北文化的交流中由知己到知彼，
善于取人之长补己之短，在中国与世界各国愈来愈深的
文化交融中，保持自己的本色与特色，将中华民族自强
不息、厚德载物的精神永远发扬下去。

《中国史话》系列丛书首批计200种，每种10万字左
右，主要从政治、经济、文化、军事、哲学、艺术、科
技、饮食、服饰、交通、建筑等各个方面介绍了从古至今
数千年来中华文明发展和变迁的历史。这些历史不仅展现
了中华五千年文化的辉煌，展现了先民的智慧与创造精
神，而且展现了中国人民的不屈与抗争精神。我们衷心地
希望这套普及历史知识的丛书对广大人民群众进一步了解
中华民族的优秀文化传统，增强民族自尊心和自豪感发挥
应有的作用，鼓舞广大人民群众特别是新一代的劳动者和
建设者在建设中国特色社会主义的道路上不断阔步前进，
为我们祖国美好的未来贡献更大的力量。

陈奎元

2011 年 4 月

出版说明

　　自古至今，始终坚持不懈地从漫长的文明进程中不断总结历史经验教训，从中汲取有益营养，从而培植广阔的历史视野，并具有浓厚的历史意识，这是我们中国文化独有的鲜明特征，中华民族亦因此而以悠久的"重史"传统著称于世。在整个人类文明史上独一无二、系统完备的"二十四史"即证明了这一点。

　　中华人民共和国成立后，历史知识普及工作被放到十分重要的位置。20世纪五六十年代，著名历史学家吴晗主持编写的《中国历史小丛书》，90年代中国社会科学院院长胡绳组织编写的《中华文明史话》和《百年中国史话》，成为"大家小书"的典范，而后两套历史知识普及丛书正是《中国史话》之缘起。

　　2010年年初，为切实贯彻中央关于"做好历史知识普及工作"的指示精神，同时也为了更好地弘扬中国传统文化，我们对《中华文明史话》和《百年中国史话》

两套丛书的内容进行了修订和增补，重新设计框架，以"中国史话"为丛书名出版。第十一届全国政协副主席、时任中国社会科学院院长陈奎元亲任《中国史话》一期编委会主任，时任中国社会科学院副院长武寅任编委会副主任。正是有了各级领导的关心支持和诸多学术名家的积极参与，《中国史话》一期200种图书得以顺利出版，并广受好评。

《中国史话》丛书的诞生，为历史知识普及传播途径的发展成熟，提供了一种卓具新意的形式。这种形式具有以通俗表述、适中篇幅和专题形式展现可靠历史知识的特征。通俗、可靠、适中、专题，是史话作品缺一不可的要素，也是区别于其他所有研究专著、稗官野史、小说演义类历史读物的独有特征。

囿于当时条件，《中国史话》一期的出版形式不尽如人意，其内容更有可以拓展的广阔空间，为此2013年4月我们启动了《中国史话》二期出版工作。《中国史话》二期分为经济、政治、文化、社会和生态五大系列，拟对中国各区域、各行业、各民族等的发展历史予以全方位介绍。我们并将在适当时机，启动《世界史话》的出版工作。史话总规模将达数千种。

我们愿携手海内外专家学者，将《中国史话》《世界史话》打造成以现代意识展现全部人类历史和人类文明，集学术性、知识性、趣味性于一体的"万有文库"；并将承载如此丰厚内容的史话体写作与出版努力锻造成新时期独具特色的出版形态。

　　希望史话丛书能在形塑民族历史记忆、汲取人类文明精华、培育现代国民方面有所贡献，并为广大读者所喜爱。

史话编辑部

2014 年 6 月

目录
Contents

在山大，我们不负青春 [*]
（代序）

一所大学之所以能够生生不息、薪火相传，绵延上百年依然保持旺盛的生命力和创造力，最直接的原因就是年复一年她都迎来新的同学，如同新的血液注入她的肌体。半个多月来，你们在军训场上展示青春的力量，在迎新晚会上演绎青春的华彩，让这个美丽的校园到处洋溢着激情和梦想。今天会聚在这宏大的体育馆，我们再次感受到这股撼人心魄的巨大能量，山大的事业必将因你们的加入而更加绚烂！在此，我代表全校师生员工，对2014级同学的到来表示最热烈的欢迎！同时也感谢你们的父母、师长对你们的培养，以及对你们选择山大的坚定支持！

2014，对于每位新同学来说，一定是终生难忘的一年；而对于山东大学乃至中国高等教育来说，同样具有特殊的含义。

---

* 张荣校长在2014年开学典礼上的讲话。

也许你不会想到，当你踏入山东大学的那一瞬间，你的肩上已经承载了150年的厚重历史。

1864年，登州文会馆在美丽的山东蓬莱创建，被教育史家誉为"中国第一所现代大学"。1901年，登州文会馆赫士馆长带领部分师生，帮助筹备创办了中国第一所京外官办高等学府——山东大学堂，开启了山东大学的办学历史；其后，由登州文会馆开创的齐鲁大学的历史和传统又被山东大学吸收和继承，齐鲁大学的校园也成为今日山东大学的一部分。这种历史的传承奠定了山东大学成为中国现代高等教育起源性大学的地位。从1864年到2014年，从登州文会馆到今天的山东大学，绵延跌宕，愈挫愈坚，在各个时期都成就了璀璨华章。登州文会馆是19世纪末20世纪初中国最好的大学，她所培养的毕业生遍布全国，其中有一批被京师大学堂等高校聘为西学教习，为中国现代高等教育和现代科学技术的发展奠定了基础。齐鲁大学与当时的燕京大学共同享有"南齐北燕"之盛名。历史上的山东大学群星璀璨、大师云集，以闻一多、老舍、梁实秋、沈从文、洪深等为代表的人文学者和以"中国克隆之父"童第周、"中国雷达之父"束星北、"中国藻类研究之父"曾呈奎、数学大家潘承洞等为代表的著名科学家都曾在这里执教，留下了"文史见长""生物学科中国最好""海洋学科远东第一"的美誉，开创了中国高等教育史上许多个第一：早在1904年，山大教授便在英国《自然》杂志上发表文章，这是中国现代科学走向世界的开端；"童鱼""夏道行函数与夏不等式""彭一般原理"等国际上为数不多用中国人命名的重大成果皆源于山大；近年来山东大学作为重要成员参与的阿尔法磁谱仪、ATLAS 强子对撞机等国际合作项目，其成果在世界范围内引起轰动。

同学们，你们今天所在的是中国历史最悠久的大学，是创造了无数辉煌与荣耀的大学，是值得骄傲和自豪的大学，是永远值得尊重和深爱的大学。走进山大，是一个正确的选择，也一定是一个无悔的选择，它必将开启你们人生精彩的篇章。

但是此刻，你们是否想过，选择这样一所具有古老传统和深厚底蕴的大学意味着什么？这个问题事关你们对未来的规划。如果你们能做出正确的回答，那么你们的大学生活便有了方向。在我看来：

选择山大，就意味着选择了以天下为己任。山东大学在中华民族内忧外患、风雨飘摇的历史背景下诞生，自成立之日起就在章程中宣示："公家设立学堂，是为天下储人才，非为诸生谋进取；诸生来堂肄业，是为国家图富强，非为一己利身家。"山大人把学校的命运同国家的兴衰、民族的存亡紧密地联系在一起，把个人的价值融入了社会进程，从此"为天下储人才，为国家图富强"就成为山大人的使命，激励着一代代山大人沿着这样的精神脉络接续永恒。作为一个山大人，必须有高层次的追求。青年是国家的未来，胸怀天下、勇担重任，这是历史赋予青年的使命与责任。作为青年精英的山大学子，更应将个人梦想与国家的未来结合起来，自觉担负起引领社会文明进步的使命。

选择山大，就意味着选择了以卓越为追求。敢为天下先，追求卓越是山大人的优秀基因。正是因为这一基因，山大人不仅创造了中国高等教育史上众多神奇，而且培养了一大批国家栋梁和社会中坚，他们中有辛亥革命的先驱，有抗日名将，有开国元勋；还有十几位党和国家领导人，百余位部长、省长；更有近百位两院院士，这在全国高校中名列前茅。有代表半个世纪的文化巨擘、诗坛圣人；也有大批艺术名家、驻外大使、企业界领袖。无数杰出的校友以其追求卓越的品质和对国家社会的卓越贡献，为学校赢得了极高的声誉，也为你们树立了学习的榜样。珍惜、维护这个荣誉是你们应尽的责任；以校友为榜样，不断超越自我，续写母校的光荣，你们更是责无旁贷。

选择山大，就意味着选择了以世界为舞台。山大有史以来就注重开放办学，中西并举，走国际化办学道路。今天山大的育人环境更是充满了国际化元素。我们实施国际化战略，构建了与世界名校携手的合作网络，为你们打开了通向世界的大门，在这里你们有更多机会到海外访学交流，开阔视野。这里名师荟萃、鸿儒辉映，诺贝尔奖获得者彼得·格林贝格尔教授和莫言先生相继加盟山大，以在世界数学家大会上做一小时报告的彭实戈院士为代表的一批科学家已成为世界的中国科学名片，在这里你们可以对话学术大师，徜徉国际前沿。山大探索完善了"三跨四经历"、"协同育人"、"泰山学堂"、"尼山学堂"、卓越人才系列等富有成效的多元人才培养模式，学分制改革也正深入推进，逐步与国际接轨。在这里，你们将实现个性化发展，走向世界。

同学们，大学时代是独特而重要的人生机遇。这个机遇是你们经历了激烈得近乎残酷的竞争换来的，得来如此不易，因此格外宝贵。能够从报考山大的众多考生中脱颖而出，说明你们就是同龄人中的佼佼者，你们绝非等闲之辈！有这么好的先天素质，生活在这样一所非同一般的大学里，就应该珍惜机遇，充实自我，努力成为精彩的山大人。

那么，如何成为精彩的山大人？

我相信同学们在入学教育中一定记住了八个字："学无止境，气有浩然"。这是山大的校训，是指导你们人生方向的座右铭，也是你们成为精彩山大人的基本路径。

我们的校训有着丰富的内涵。它体现了对"为学""为人"的基本要求，彰显了山东大学独特的文化气质，契合社会主义核心价值观，是所有山大人都应遵循的价值尺度。

"学无止境"，是关于学习的准则。这其中包含几层意思：一是学生在校要以学习为第一要务，这是你们一切行动的根基，因为教育目标本质上是通过学习来实现的。二是要学会学习的方法，善于探究，敢于怀疑，勇于创新，这才是学习的最高境界。三是树立终身学习的观念，以学习为生活方式，弘扬"崇实求新"的校风和勤奋严谨的学风，持之以恒，不断学习，才能跟上知识更新的节奏。这四个字是山东大学优良校风、学风的集中表现。

"气有浩然"，是关于做人的准则。山东大学根植齐鲁大地，南望泰山，东临黄海，受齐鲁文化之浸润，蒙山魂海韵之涤荡，涵养了山大人的浩然之气。这种浩然之气要求我们：敢于担当责任，勇于坚持真理；富于家国情怀，懂得民族大义；具有泰山的刚毅，拥有大海的胸怀；为人正直，淡泊名利；富贵不能淫，贫贱不能移，威武不能屈。这四个字是一种气势恢宏的精神境界，是我们永远的价值取向。

"为学"也好，"为人"也好，归根结底是为了人的发展，"浩然之气"才是山大人最根本的特征。

要养成"浩然之气"，我认为，大家要从四个方面努力：

首先，要做一个有道德的人。国无德不兴，人无德不立，养大德者方可成大业。古人云："太上有立德，其次有立功，其次有立言"，"身修而后家齐，家齐而后国治"，都把崇德修身放在做人做事的第一位。山东大学地处圣人之乡，有丰厚的道德资源，创办之初选人育人即坚持德才并举、以德为先，要求学生正心术、敦品行、明伦理、知大体。今天，我们更要严于律己，大力弘扬社会主义核心价值观，增强责任心和使命感，努力做世人的道德楷模。

其次，要做一个有追求的人。"功崇惟志，业广惟勤"。"志不立，天下无可成之事"。我们的前人在办学章程里也说过："所志者阔，而所成就者亦大"，就是说，你的志向越大，追求越高，取得的成就也就越大。一个没有追求的人，就会失去前进的动力；一个没有目标的人，就会迷失前进的方向。那我们追求什么呢？就是追求真理，追求卓越，追求崇高的事业，就是要以天下为己任，为国家图富强。

再次，要做一个有思想的人。不同的人之间的根本差距在于思想。思想显示一个人的高度，思想引领未来，思想是力量、是财富。思想有多远，我们才能走多远。大学之道不仅在于传承文明、熔铸新知，更在于塑造灵魂、开启梦想。大学教育的重要目标，是培养大家的思维方式和思想方法，你们不是学校的"产品"，而是自己的"作品"。大学就是一个敢于坚持自我的舞台，要努力培养"独立之精神，自由之思想"，学会思考，不人云亦云，不随波逐流，坚持真理但敢于质疑，崇敬圣贤但不迷信，尊重老师但不依赖，给思想插上翅膀，以兴趣引领知识探索，以个性铸造人生特色，形成独立的人格品质。

最后，要做一个有行动的人。行动是通往目标的桥梁，有志向、有思想、有学识，而不落实在行动上，一切只能流于空谈。要做到知行合一，博学而不穷，笃行而不倦。山大人的一个优秀品质就是扎实肯干，刚毅执着。我们要弘扬这种品质，善于从小事做起，踏踏实实，一步一个脚印，正所谓"泰山不让细壤，故能成其大；河海不择细流，故能就其深"。成就大事还要敢于直面困难，不畏艰难，"咬定青山不放松"，这应该成为当代青年的坚定意志与优秀品质。

同学们，山大是精彩的，你们的老师、校友是精彩的，只要你们不甘于平庸，只要你们肯付出努力，相信你们也必将精彩，并为山大的精彩添上浓重的一笔。当几年后离开这所学校的时候，回望来路，你们一定能够骄傲地说："在山大，我们不负青春！"

张荣

2014 年 9 月 27 日

一　饱经沧桑

　　山东大学是国内外具有重要影响的教育部直属重点综合性大学，是国家"211 工程"和"985 工程"重点建设的高水平大学之一。

　　山东大学历史悠久，其主体是 1901 年创办的山东大学堂，是继京师大学堂之后中国创办的第二所国立大学，也是中国第一所按章程办学的大学。从诞生起，学校历经了山东大学堂、私立青岛大学、省立山东大学、国立青岛大学、国立山东大学、山东大学以及由原山东大学、山东医科大学、山东工业大学三校合并组建的新山东大学等几个历史发展时期。百余年间，山东大学秉承"为天下储人才，为国家图富强"的办学宗旨，践行"学无止境，气有浩然"的校训，踔厉风发，薪火相传，形成了"崇实求新"的校风，为国家和社会培养了40 余万各类人才，为国家和区域的经济、社会发展做出了重要贡献。

　　近年来，山东大学在科学研究、师资建设、人才培养和国际合作等方面取得了显著成绩。目前，学校 9 个学科的学术影响力和贡献能力进入基本科学指标数据库（ESI）世界排名前 1%；在新一轮学科评估中，10 个学科进入全国前十名，其中，数学、考古学 2 个学科排名第三，中国语言文学排名第五。学校启动实施"十百千人才计划"，逐渐形成一批具有世界一流水平的创新团队，会聚和造就了一批位列世界学术前沿的领军人物。目前，学校有获得诺贝尔奖的教授两人（2007 年诺贝尔物理奖获得者彼得·格林贝格尔、2012 年诺贝尔文学奖获得者莫言），有中国科学院和工程院院士 8 人，双聘院士 45 人，终身教授 11 人，人文社科一级教授 16 人，"千人计划""长江学者""国家杰出青年基金获得者""泰山学者"等 150 余人。学校以国家人才战略需求为导向，建立起"基础学科拔尖""应用学科卓越"和"交叉学科复合"等多种人才培育模式，人才培养质量不断提高。在全球化背景下，学校还启动实施了"世界名校合作计划"，与耶鲁大学、芝加哥大学、多伦多大学等十余所世界一流名校建立起校际姊妹关系，开展交流合作，不断提升国际化水平。

在新的历史时期，面对前所未有的机遇和挑战，山东大学提出了"在建校 120 周年时初步建成世界一流大学"的宏伟目标。在新的历史起点，山东大学将抓住机遇，坚持走内涵发展、质量发展、特色发展的道路，坚持学术立校、人才强校、特色兴校、依法治校的战略，大力推进国际化，为实现建设世界一流大学的新的办学目标而不懈努力！

1 山东大学堂

清朝末年，国势日微，列强环伺，危机四伏。有识之士，群起呼吁，变法更张，兴办学校，培育人才，救亡图存。1901年1月，清廷宣布实行变法。9月14日，光绪皇帝谕令全国，各省府州县设立学堂。

山东大学堂

山东大学堂，正是在此背景下，由山东巡抚袁世凯奏请清廷于1901年创办的，是京外第一所官立大学堂。

光绪皇帝有关书院改学堂的上谕发布时，时任山东巡抚的袁世凯正在河南老家休假。看到皇帝的谕旨后，他立即赶回济南，上奏光绪皇帝，要在山东开办山东大学堂，邀请登州文会馆馆主赫士，并组织人员起草了《山东省城试办大学堂暂行章程》，于光绪二十七年（1901）九月二十四日上奏光绪皇帝，认为"国势之强弱，视乎人才，人才之盛衰，原于学校。诚以人才者，立国之本，而学校者，又人才所从出之途也。以今日世变之殷，时艰之亟，将欲得人以佐治，必须兴学以培才……"奏请先在省城设立大学堂，分斋督课，其中专斋相当于大学，正斋相当于中学，备斋相当于小学。袁世凯上奏 12 天之后，光绪皇帝于十月初六朱批："知道了。政务处暨各该衙门知道。单并发。"袁世凯的奏折得到朝廷批准，山东大学堂的筹建被提上了议程。

《山东省城试办大学堂暂行章程》（简称《章程》）分为学堂办法、学堂条规、学堂课程和学堂经费四章，共计 96 节，14000 多字，对大学堂的各项管理制度和如何创办省城大学堂做了十分详尽的规定，为山东大学堂的创办规划了蓝图。根据《章程》，山东大学堂计划招收第一批新生 300 多名，实际招生 100 多人。

光绪二十七年（1901）十月十五日，山东大学堂举行开学典礼，校址在济南泺源书院。设有备斋、正斋和专斋，学制 3～4 年。唐绍仪、周学熙先后任管理总办（校长），聘请中西教习 50 余人，由登州文会馆馆主、美国人赫士担任总教习。课程有经史子集、社会科学和自然科学等 20 多门。

1904 年 1 月，清政府颁布《奏定学堂章程》，称"癸卯学制"。根据"癸卯学制"规定，山东省只能设高等学堂。同年，山东大学堂迁入济南杆石桥新址，改称山东高等学堂，学制三年，陈恩焘任校长。

1911 年，山东高等学堂改称山东高等学校，把高等学堂正科改为大学预科，学制三年。辛亥革命后，中华民国教育部于 1912 年 9 月公布新订学制，即"壬子学制"，实行大学区制。山东只能设职业学校，不再设大学。按新学制，大学应予裁撤，因等正科两班结业，延至 1914 年停办。山东高等学校师生分别转入山东公立法政、工业、农业、商业、矿业、医学六所专门学校。

山东大学堂是山东省内第一所官办的高等学府，也是近代山东高等学校教育的开端。它不但培养了一批人才，提高了山东的科学文化水平，而且也提供了办学经验，促进了山东教育事业的发展。在山东大学堂建校的 14 年中，共培养了 770 多名具有现代科学知识的人才，并选送了 59 名留学生，其中到欧美留学的 11 人，到日本留学的 48 人。特别是在辛亥革命中，由山东大学堂选送去日本留学的徐镜心、张柏言等人为推翻封建王朝的民主革命做出了突出贡献。山东大学堂所设学科的先进性和时代性，为现代科学技术全面进入中国打开了大门。

2 省立山东大学

山东大学堂停办后，山东省高等教育群龙无首，办学层次和质量明显落后于周边省份。1926 年 7 月 24 日，山东省政府决定将 6 所山东公立专门学校合并为省立山东大学，并将山东省第一、第二、第六、第十中学高中部学生拨给学校作为附属中学，任命山东省教育厅厅长、清末状元王寿彭任校长。同年8 月 5 日省立山东大学正式成立。学校设文、法、工、农、医

5 个学院和中国哲学、国文学、法律、政治经济、商学、机械、机织、应用化学、采矿、农学、林学、蚕学、医学 13 个系，学制 4～5 年。1928 年学校因战乱停办，师资和财产全部转给国立青岛大学。

省立山东大学

3 国立青岛大学

1928 年，南京国民政府决定在省立山东大学的基础上筹建国立山东大学，因此成立国立山东大学筹委会。由于济南和胶济线均被日军侵占，建校工作无法进行。1929 年，国民政府教育部接受蔡元培先生的建议，将国立山东大学筹委会改为国立青岛大学筹委会，除接收原省立山东大学外，将私立青岛大学校产、校舍收用。1930 年 9 月 21 日，国立青岛大学正式成立。学校先设文、理两个学院。文学院有中国文学系、外国文学系、教育学系；理学院有数学系、物理系、化学系、生物系。1931 年 2 月，又将教育学系扩充为教育学院，内设教育行政系和乡村教育系。著名教育家杨振声任校长。杨振声校长学习北大、清华的办学理念，兼收并蓄，广揽英才，一时名家云集。著名教育家闻一多、梁实秋、沈从文、吴伯箫、游国恩、张煦、汤腾汉、傅鹰、曾省、黄际遇等名家大师都曾在此任教，开创了山东大学历史上第一次辉煌。

国立青岛大学

4 国立山东大学

1932 年 9 月，国立青岛大学改称"国立山东大学"。9 月 30 日，赵太侔出任国立山东大学校长，仿效杨振声治校成规，继续延揽人才，改善办学条件，提高学术水平，使国立山东大学成为国内学术重镇。一大批著名专家学者慕名而来。老舍、洪深、丁山、黄孝纾、栾调甫、台静农、闻宥、王淦昌、任之恭、何增禄、李达、陈传璋、王恒守、刘咸、林绍文、童第周、曾呈奎、李珩、丁观海等在此任教，可谓群星璀璨。培养了臧克家、庄孝傊、何炳棣、张致一、黎锦扬、徐中玉等一大批优秀人才。

学校设文理学院、工学院、农学院三个院八个系，两个部。停办教育学院，增设工农两学院。工学院设土木工程学系和机械工程学系；农学院设于济南，设研究、推广两部。同时，将原来的文、理两学院合并为文理学院，数学、物理两系合并为数理学系。文、理学院合一，理、工学院合办，这是国立山东大学办学的两大特色，属于独创。教育部评价："事属新创，用意尚佳"。蔡元培先生在国立山东大学成立四周年纪念会上发表演讲，给予高度赞赏。

日寇入侵，民族危亡，学潮迭起，办学经费困难，学校陷入尴尬境地。1936 年春，赵太侔校长辞职，国民政府教育部下令由林济青先生代理校长。1937 年冬，战事波及山东，学校被迫内迁四川万县。1938 年 3 月，教育部下令

"国立山东大学暂行停办"，师生分别转入国立中央大学、武汉大学等。

抗战胜利后，以汤腾汉教授为代表的山东大学校友自动组成"国立山东大学校友复校促进委员会"，并请杨振声、赵太侔等前任校长及党政名流联名致电国民政府，请求在青岛迅速恢复山东大学建制。经过多方努力，国民政府教育部决定恢复山东大学，并于1946年1月委派教育司司长赵太侔再次担任山东大学校长，负责复校事宜。学校设文、理、工、农、医五个学院，内设中国文学、历史学、外国文学、数学、物理学、化学、动物学、植物学、地质矿物学、土木工程学、机械工程学、电机工程学、农艺学、园艺学、水产15个系。一般学制四年，工学院五年，医学院六年。同年10月25日正式开学。

赵太侔校长到任后，通过各种渠道延聘师资，除聘请原在山东大学工作的教授外，还聘请了另外一些知名的专家、学者。教师阵容整齐，名师云集。首批受聘的教授、学者有：老舍、杨肇燫、周钟岐、杨向奎、刘橼、童第周、曾呈奎、何作霖、陈瑞泰、朱树屏、孙振先、李士伟、孟云桥、赵纪彬、丁山、王统照、陆侃如、冯沅君、黄孝纾、萧涤非、郭宣霖、罗念生、彭先荫、宋鸿哲、丁燮林、王恒守、王书庄、张怀朴、蒋天鹤、朱彦丞、张寿常、王以康、沈汉祥、张玺、赫崇本、鲍文蔚、陆光庭、张学铭、丁履德、孙兴诗（思白）等。学校整肃一新，雄风犹在，很快恢复元气。

1949年6月，青岛解放，山东大学进入新的发展时期。

5 山东大学

1951 年 3 月，国立山东大学与华东大学合并成立新的山东大学。华岗任校长兼校党委书记。学校设有文学院、理学院、工学院、农学院、医学院，分中国文学、历史学、外国文学、数学、物理学、化学、动物学、植物学、地质矿物学、水产学、土木工程学、机械工程学、电机工程学、农艺学、园艺学、病虫害学、政治学、艺术学 18 个系，其中政治和艺术为直属系，学科门类齐全，学术实力雄厚，办学特色鲜明。山大与华大的合并是中国高等教育史上的创举，使山东大学进入崭新的发展阶段。学校拥有教师 486 人，职工 524 人，学生 2366人，总人数达历史最高水平。在华岗校长的领导下，学校重视教学、讲求学术、尊重学者、注重个性、突出特色，引领学术潮流，成为新中国成立初期高等教育的重镇。

1952 年，全国高校进行院系调整。山东大学工学院、农学院、医学院和政治系、艺术系先后调出，在全国各地与其他院校合并组成新的大学。山东大学取消院一级建制，设中文、外文、历史、数学、物理、化学、生物、海洋、水产 9 个系和医学院。

院系调整后，山东大学成为以文、理为主的综合性大学，学校领导从国家发展、现有师资力量与设备条件、地方需要出发，考虑学校重点系、科建设和发展方向，提出要办成有自己重点、自己个性，即形成自己特色的大学。经过反复研究，确定了"文史见长，加强理科，发展生物，开拓海洋"的办学思路：以汉语言文学、历史学、海洋生物、动物胚胎、植物学、物理海洋6个专业为重点发展学科；数学、物理、化学师资力量较强，对提高教学质量关系重大，也被定为重点学科，力求得到发展。这一发展战略对山东大学的发展产生了深远的影响。

山东大学素以文史见长，从20世纪30年代"新月派"到50年代"古史辨派"；从闻一多、梁实秋、张煦、游国恩到"冯陆高萧"；从丁山、栾调甫到"八马同槽"，形成了山东大学自己的学风和特色，历久不衰。

1958年，全国教育体制改革，山东大学划归山东省领导。同年10月，山东大学奉命迁校济南。文科的中文、历史两系和理科的数学、物理、化学、生物4系搬往济南；海洋、水产、地矿3系留在青岛（1959年独立成立山东海洋学院）。1959年秋恢复了外文系，1960年重设政治系，并增设原子能系和电子系。20世纪50年代末至60年代是山东大学发展的重要时期，学校在搬迁、建设和政治运动中艰难发展。在保持文史见长的基础上扬长避短，大力加强理科，增设电子学系，突出晶体材料和微生物两个重点学科，以求在科学技术发展中开辟新的路径，并在较短时间内取得了显著成就。1965年全校设有政治、中文、历史、外文、数学、物理、化学、电子、生物9个系，教职工1339人，在校学生4266人。

"文化大革命"开始后，学校党政机构瘫痪，教学、科研停顿。1967年春，学校被夺权，一度更名为"山东鲁迅大学"。1970 年 6 月，山东省革命委员会决定废止"山东鲁迅大学"，恢复山东大学名称。

1970 年 6 月 24 日，中共山东省"革委"核心领导小组批转《山东省高等学校布局和专业调整方案》，决定：山东大学理科改建为山东科学技术大学，校址设在济南市；山东大学生物系并入山东农学院，校址设在泰安；山东大学文科和曲阜师范学院合并组建山东大学，校址设在曲阜。同年 7 月 20 日开始分校搬迁工作。这就是"山东大学一分为三，济南、曲阜和泰安"的由来。

1973 年，周恩来总理签署恢复山东大学批示。12 月 11 日，中共山东省委宣布恢复山东大学。山东大学于 1974 年 1 月 12 日从曲阜搬回济南，设政治、中文、历史、外文、数学、物理、光学、化学、生物、电子 10 个系，26 个专业，统一招收工农兵学员，在校生达到 1826 人。

1977 年，山东大学恢复正常招生，教学科研走上正轨。1978 年开始招收博士、硕士研究生，学校各项工作全面开展。1996 年通过"211 工程"验收，是首批"211 工程"建设学校。到 2000 年，山东大学拥有 1 个分校，14 个学院，65 个硕士点，25 个博士点，5 个博士后流动站，3 个国家基础科学研究和教学人才培养基地，2 个国家重点学科，1 个教育部人文社会科学研究基地，2 个国家重点实验室，教职工近 4000 人，全日制学生 1.2 万余人，是国家"985 工程"建设的教育部直属重点综合性大学。

山东大学

6 山东医科大学

山东医科大学是卫生部直属的高等医学院校，是由山东省立医学院、华东白求恩医学院和齐鲁大学医学院等演变、合并而成的。

山东省立医学院前身是山东省立医学专科学校，创建于1932 年，校址设在济南市趵突泉前街，学制五年。尹莘农任校长。1948 年 8 月，学校改称山东省立医学院。

华东白求恩医学院前身是新四军军医学校，是一所战地流动学校，创建于1944 年 10 月 16 日，校长为江上峰。1945 年 5 月 12 日，在安徽天长县举行开学典礼，首批学员 60 名。1946 年学校迁到山东临沂解放区，宫乃泉兼任校长。1947 年 1 月，为纪念加拿大著名外科大夫、优秀共产党员诺尔曼·白求恩，学校改名为华东白求恩医学院。

1950年12月，华东白求恩医学院改称山东医学院。1952年，华东区高等学校院系调整委员会决定撤销齐鲁大学，齐鲁大学医学院并入山东医学院，校址设在原齐鲁大学。学校设有医学、卫生和药学3个系，教职员工889人，在校学生2057人。白备伍、邵德孚、王哲、方春望等先后任院长。

齐鲁大学是一所由美国、英国、加拿大基督教会联合创办的私立大学，其前身是于1864年创办的登州文会馆。1904年，登州文会馆与青州广德书院大学班合并，成立广文学堂，校址设在潍县。1882年，美国长老会聂会东在济南创办医学堂。1907年，英国浸礼会将其在青州的医学堂迁至济南，与济南医学堂合并为共合医道学堂。潍县广文学堂、青州神道学堂、济南共合医道学堂合称"山东基督教共合大学"，分文、理、神、医四科。1917年，广文学堂、青州神道学堂迁到济南，与共合医道学堂合并成为齐鲁大学。学校下设文理、神、医3个学院，后设农业、无线电、检验护理等专修科。齐鲁大学是著名的教会大学，与燕京大学齐名，有"北有燕京，南有齐鲁"之称。1952年，齐鲁大学文理学院分别并入山东大学、山东师范大学、南京大学、南京药学院、上海财经大学。医学院并入山东医学院。

1985年5月，经卫生部批准，山东医学院更名为山东医科大学。学校进入了快速发展的新阶段，教学、科研、管理水平不断提升，成为一所多学科、多层次、多种形式办学的综合性医科大学。山东医科大学继承齐鲁大学、华东白求恩医学院的办学传统，在教学模式、人才培养等方面独具特色，为国家培养了大批优秀医学人才，是国内著名的医科院校之一。2000 年 7 月，学校设有基础医学院、临床医学院、药学院、公共卫生学院、口腔系、护理学院 6 个学院及 3 个附属医院，有 2 个卫生部重点实验室，5 个省级重点学科，博士点 14 个，硕士点 43 个，教职员工 1700 多人，其中正副教授 928 人，在校生 10355 人。

山东医科大学

7 山东工业大学

山东工业大学的前身是 1949 年创建的山东省立工业专科学校，1950 年改称山东工学院，1983 年改称山东工业大学。山东工业大学是国家"211 工程"重点建设的综合性工科大学。

山东省立工业专科学校是由华东交通专科学校、华东高级工业学校、山东省人民政府生产部工业学校、华东财办工矿部济南工业学校、生产部青岛高级工业学校于 1949 年 11 月 1 日合并而成。校总部设在济南，潍坊、青岛各设分校。张协和担任校长兼党组负责人。

1950 年 11 月，经教育部批准，山东省立工业专科学校改名为山东工学院。1951 年 9 月，原山东工业专科学校潍坊分校改名为山东工学院潍坊分院。1952 年 3 月，潍坊分院迁入济南总校部。山东工学院设有电机工程系、自动车系、机械工程系、化学工程系、土木工程系、纺织工程系，教职员工 360余人，在校生 1400 多人。1952 年院系调整，土木工程系、纺织工程系调至青岛工学院；山东大学工学院的机械系、电机系并入。1954 年山东工学院化学工程系调至上海华东化工学院，1955 年自动车系调至长春拖拉机学院。

山东工业大学

1983 年，经山东省人民政府批准，山东工学院改名为山东工业大学，学校发展进入快车道，教学、科研、管理等各项工作都上了一个新的台阶。1996 年 12 月 28 日，学校通过"211 工程"部门预审，成为国家"211 工程"重点建设的综合性工科大学。2000 年 7 月，学校拥有机械工程学院、材料科学与工程学院、电力工程学院、土建与水利工程学院、环境与化学工程管理学院 5 个学院，教职工 1130 名，其中正副教授 605 人，在校生 11500 余人。

8 新山东大学

经国家教育部批准，2000 年 7 月 22 日，原分属不同管理体制下的山东大学、山东医科大学、山东工业大学正式合并组建为新的山东大学。是日，三校合并暨新山东大学成立大会在济南举行。中共中央政治局委员、中共山东省委书记吴官正，国家教育部部长陈至立，中共山东省委副书记、山东省省长李春亭等出席大会。山东省副省长邵桂芳主持大会。会上，陈至立宣读了教育部党组和教育部关于三校合并组建新山东大学的决定和新山东大学党政领导班子成员名单。陈至立、李春亭分别代表教育部和中共山东省委、山东省政府讲话，对新山东大学的成立表示祝贺。中共山东省委常委、新任山东大学党委书记朱正昌，新山东大学校长展涛也在成立大会上发言。

三校合并前，原山东大学、山东医科大学、山东工业大学分别隶属于教育部、卫生部和山东省政府。其中，山东大学创建于1901年，占地面积200多万平方米，建筑面积50万平方米，学校图书馆藏书245万册，拥有14个学院、45个系（教学部），本科专业56个，硕士点65个，博士点25个，博士后流动站5个，国家重点学科、重点实验室4个，省重点学科、重点实验室26个，是教育部直属重点文理科综合性大学。山东医科大学建立于1911年，占地面积40多万平方米，建筑面积20万平方米，藏书45万册，设有本科专业7个，专科专业3个，硕士点43个，博士点14个，博士后流动站1个，省部级重点学科、重点实验室9个，是卫生部直属的全国重点高等医学院校。山东工业大学建于1949年，占地面积120多万平方米，建筑面积43万平方米，设有7个学院，19个系（教学部），本科专业30个，硕士点25个，博士点4个，博士后流动站2个，省级重点学科、重点实验室和工程技术研究中心19个，是山东省属高校中唯一进入"211工程"行列的综合性工科大学。三校合并，有助于实现优势互补、学科交融和教育资源优化配置，有利于提高教育质量、学术水平和办学效益，对于实施"科教兴鲁""科教兴国"战略，争创国内一流水平的综合性大学具有积极的重要意义。

三校合并组建的新山东大学，为教育部直属高等院校，实行教育部与山东省共建共管的体制。合并后的山东大学，学校总占地面积8000余亩，形成了一校三地（济南、青岛、威海）八个校区的办学格局。拥有教职工1万余人，各类全日制在校学生 6 万多人，涉及哲学、经济学、法学、教育学、文学、历史学、理学、工学、医学、军事学、管理学、农学 12 大学科门类，形成了结构完整的人才培养体系，是一所在国内外具有重要影响的教育部直属的重点综合性大学，是国家"211 工程"和"985 工程"重点建设的高水平大学之一。

新山东大学中心校区

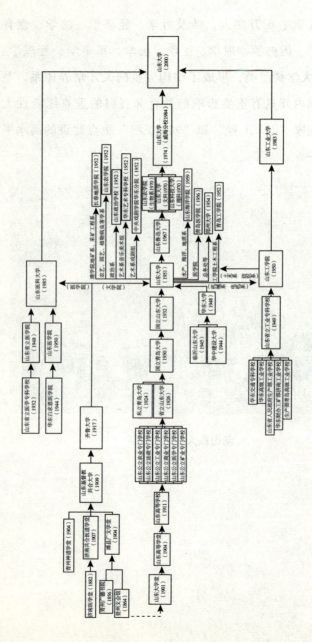

山东大学历史沿革

二 几多辉煌

1 中国最早的现代大学——登州文会馆

1864 年，由美国北长老会传教士狄考文夫妇创立的登州文会馆是中国第一所现代大学，今天的蓬莱市就是中国现代高等教育的主要发祥地之一。登州文会馆对中国现代高等教育的发展产生了深远的影响。

登州文会馆始称登州蒙养学堂，学制六年。1873 年，添设高等科，分为正斋、备斋两部分，学制改为 12 年。1876 年更名为登州文会馆。

1881 年 2 月，长老会山东差会致函美国本部，请将登州文会馆更名为"山东书院"。1882 年，美国北长老会授权登州文会馆为大学，英文名称"Tengchow College"。

文会馆分备科和正科，学制九年。由狄考文亲自编写课本，包括数学、物理、化学以及圣经、国学、英文；狄考文的妻子则讲授历史、地理、音乐等。文会馆大学部的课程主要有两大类：圣道文学、天化格算。具体是四书五经、策论经义、中国史记、万国通鉴、福音合参、天道溯源、省身指掌、救世之妙、是非学、心灵学、富国策、圆锥曲线、微积分、天文学、代数学、地理学、地理志、地石学、测量学、数学、化学、乐法、体操。在教学实验设备方面，锅炉、蒸汽机、柴油机、电动机、发电机、铣床、电镀设备、磨光机、螺丝机，化学药品、瓦斯灯、烧焊用具、各种电池、显微镜、望远镜等一应俱全。当时在整个中国也没有几所设备这么先进、齐全的学校。

为了加强学校管理，文会馆制定了一系列严格的规章制度让学生遵守，像礼拜制度、斋舍制度、讲堂制度、放假制度，以及一些禁令（包括禁烟、禁鸦片、禁酒、禁谎诈等）和赏罚条款等。同时，文会馆规定了严格的考试和升留级制度。考试分为日、季、年试。日试为口试，教习暗记分数；季考为笔试，主要考查学生对"学理"的领悟情况；年考以数学、代数、五经为主，不及格者罚令复学。正斋学生逐一通过六年的所有课程的考试，颁发列有所学课程的毕业文凭。

1902 年，美国北长老会与英国浸礼会达成协议，合办山东基督教大学，中文名曰"合会学局"。1904 年秋，文会馆连同所有大学教学及实验设施，全部搬迁至潍县，并与在青州的广德书院高级班合并，改名为"广文学堂"，下设宗教教育系、自然科学系、哲学与历史系。由登州文会馆第三任馆主美国传教士柏尔根担任"广文学堂"的校长。

　　1909年，山东基督教大学改称山东基督教共合大学。1917年，山东基督教共合大学三所学院合并，一同迁至济南校区，校名改为"齐鲁大学"，成为一所文、理、医、神综合性大学。1931年，齐鲁大学在南京国民政府正式立案，齐鲁大学进入鼎盛时期，与燕京大学齐名，时有"南齐北燕"之称，是当时国内著名的大学之一。

　　登州文会馆不仅是中国第一所现代大学，也是19世纪中国最好的大学。它的办学宗旨、管理模式、课程设置及教学设施成为当时中国新式学堂的范本，在中国近代高等教育发展史上占有重要的位置。它培养的学生德才兼备，质量优异，大多被全国各地聘为教习。据当时统计，毕业生"棋布星罗，几遍十六行省"，先后有200多所学校聘用登州文会馆的毕业生任教，一时供不应求。京师大学堂、山东大学堂、山西大学堂、贵州大学堂等早期著名官立学堂和教会学校都有文会馆师生参与筹建或任教。文会馆的办学宗旨、模式及课程设置等对中国现代高等教育的发展产生了深远的影响。

　　最早受益的是山东省。山东巡抚袁世凯奉谕创办山东大学堂，他首先想到的是登州文会馆。袁世凯与登州文会馆狄考文和赫士是好朋友，素有交往。他曾在登州见过文会馆的办学情形，袁世凯便将在济南筹办的崇实和武备学堂合为一处，聘任登州文会馆馆主赫士担任总教习，按照谕令要求，依据文会馆章程，结合山东省城书院的现状，创办了山东大学堂，并拟就了《山东省城试办大学堂暂行章程》，主要条款仿照《登郡文会馆典章》，在办学宗旨、学制、管理、课程、师资、教舍、设备等方面基本沿袭了文会馆的成例，并加以补充扩展而成。

光绪二十七年（1901），全国各省接到光绪皇帝要求各省所有书院于省城均改设大学堂等谕令后，不敢怠慢，纷纷奏报仿照《山东大学堂章程》创办学堂。

从登州文会馆到齐鲁大学，从登州文会馆到山东大学堂，再到今天的山东大学，勾画出一条中国现代高等教育发展、演变的路径，演绎着中国第一所现代大学的创立、发展与辉煌。

登州文会馆

2 中国最早的大学章程——《山东省城试办大学堂暂行章程》

山东大学堂是依据《山东省城试办大学堂暂行章程》而创办的。

《山东省城试办大学堂暂行章程》（以下简称《山东大学堂章程》）共分四部分：学堂办法、学堂条规、学堂课程、学堂经费，共计96节，对大学堂的各项管理制度和如何创办省城大学堂做了十分详尽的规定。

学堂办法规定：考各国学制，必先有小学而后升入中学，由中学而后升入大学，此通例也。大学堂内区分三等，一备斋，习浅近各学，略如各州县之小学堂；二正斋，习普通学，略如各府厅直隶州之中学堂；三专斋，习专门学。三斋之外，另设蒙养学堂，自7岁起至14岁止，8年内专令讲读经史，并授以简易天文、地舆、算术，毕业后选入备斋，再令讲求浅近政治，加习各科初级艺学，俟入正斋，又加深焉。现当创办伊始，所有中学、小学以及蒙学，均尚在议而未设之列，只可先用经义、史论考选学生，挑入备斋肄业，暂以300人为定额。设总办、监督、教习各员。各种图书、仪器，先择应用者酌量购置，以供肄业。

学堂条规规定：课士之道，礼法为先，而宗圣尊王尤为要义。堂内应恭祀至圣先师孔子暨本省诸先贤先儒，每月朔望由教习率领诸生行礼，并宣讲圣谕广训，以束身心。若恭逢万寿圣节暨圣先师孔子诞日，均须齐班行礼，以志虔恭。

学堂课程规定：备斋以两年为毕业之限，温习中国经史掌故，并授以外国语言文字、史志、地舆、算术等各种浅近之学。正斋以四年为毕业之限，授普通学，分政、艺两门。政学分为中国经学、中外史学、中外治法学3科，艺学分为算学、天文学、地质学、测量学、格物学、化学、生物学、译学8

科。专斋则以两年至 4 年为毕业之限，共开设中国经学、中外史学、中外政治学、方言学、商学、工学、矿学、农学、测绘学、医学 10 门课程。

学堂经费规定：就现在办法而论，学堂常年额支之款暂需六万两，其他支出尚难预计，日后渐次推广，经费亦须随时加增。

《山东大学堂章程》在办学宗旨上，体现了重视学术的传授，重视人才的培养。课程设置上，中学和西学课程并重。师资方面，西学比中学比重大。办学特色上，强调实验和动手能力等专业技能的培养。

《山东大学堂章程》在当时产生了重大的影响，成为各省书院改学堂所效法的榜样。光绪皇帝下谕要求各地将书院改为学堂，至于应该怎样改，改了以后又应该如何办理，并没有提供可以操作的具体方法。而《山东大学堂章程》恰恰在这种情况之下，提供了一个应该如何改和怎样办理学堂的具体而又可以操作的模式，在当时中国书院改学堂的大潮中开风气之先，使书院改学堂运动有了切实可行的办法和依据。

光绪二十七年（1901）十月十五日上谕："前经谕令各直省设立学堂。责成该督抚学政切实统筹举办，惟通省学堂。同时并举财力或有不逮，若必待各府厅州县中小学堂筹定，始行开办。转至观望迟延，查袁世凯所奏山东学堂事宜及试办章程，拟先于省城建立学堂一区，分斋督课，先从备斋正斋入手，俾初学易于造就，渐有师资，再行次第推广，其教规课程，参酌中西，而谆谆于明伦理，循礼法尤得成。德达材本末兼赅之道，著政务处即将该署督原奏并单开章程通行各省，立即仿照举办，毋许宕延，其如何……"随即学部大臣张百熙将《山东大学堂章程》转饬各省，要求各省参照办理。

此后，各省乃遵旨将省城书院改为大学堂，或新设大学堂，其中有：浙江巡抚任道镕以求是书院改为大学堂（1901）；江苏学政吏部左侍郎李殿林奏准，将南菁高等学堂改为江苏全省高等学堂（1901）；江苏巡抚聂缉椝奏准将苏州中西学堂改为苏州省城大学堂（1902）；河南巡抚锡良奏设河南大学堂（1902）；山西巡抚岑春煊奏准在太原开办山西大学堂（1902）；贵州巡抚邓华熙奏设贵州大学堂（1902）；江西巡抚李兴锐奏请将省城豫章书院改为江西省大学堂；陕西巡抚升允、承宣布政使司樊增祥创办关中大学堂（1902）；闽浙总督许应骙奏设全闽大学堂（1902）；湖南巡抚俞廉三奏准改求实书院（原时务学堂）为湖南大学堂（1902）；四川总督奎俊将锦江书院、尊经书院以及四川中西学堂合并改建为四川通省大学堂（1902）；广西巡抚丁振铎将体用学堂改为广西大学堂（1902），等等。他们在奏折中均直言不讳，称学堂"课程、等级、班次，不外山东章程"，或者是"仿照山东章程，就本省情形、现有财力"，变通办理。因此，在一定意义上，《山东大学堂章程》在中国近代大学堂发端和实际办理的过程中，它已经超越了一所大学（山东大学堂）办学章程的作用，而是在全国大学堂的办理过程中发挥了具有普遍意义的重要指导作用。

山东大学堂的创办在当时的中国引起强烈反响，特别是被光绪皇帝通饬各省要求参照办理的《山东大学堂章程》，作为中国第一部大学章程，不仅为山东大学 100 多年按章办学奠定了传统基础，而且为当时正在兴起的中国现代大学教育起到了示范作用，促进了全国各地大学堂的诞生，为中国大学教育的兴起和发展做出了独特贡献。因此，山东大学是中国近代高等教育的起源性大学，是中国最早按章程办学的大学。由光绪皇帝御批的《山东大学堂章程》是中国最早的大学章程。

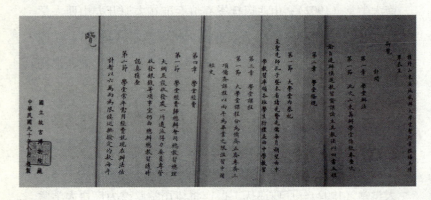

山东省城试办大学堂暂行章程

3 齐鲁大学

齐鲁大学（简称"齐大"）是一所由美国、英国、加拿大基督教会联合创办的私立大学，其前身是创办于 1864 年的登州文会馆。1904 年，美国长老会与英国浸礼会决定将登州文会馆大学部迁往潍县乐道院，与青州的广德书院合并，取名广文学堂（Shantung Protestant University），后称广文大学。由登州文会馆第三任馆长柏尔根担任校长。

1907 年，美国长老会和英国浸礼会将济南、青州、邹平、沂州的医学堂合并为济南共合医道学堂，聂会东任校长。1911 年，共合医道学堂更名为山东基督教共合大学医科，聂会东任校长，英国人巴慕德任共合医院院长。

1915 年，山东基督教共合大学校务委员会决定以"齐鲁大学"作为校名，英文名为 CHEELOO。1917 年 9 月，潍县广文大学、青州神道学堂迁到济南南关圩子新校址，与已在圩子内的共合医道学堂合并，结束了四科三地的分散局面。下设文理科、神科、医科，附设大学医院与社会教育科（即广智院）。除医科为七年制外，其余均为四年制，共有教工 53 人，其中外籍 36 人，校长为英国人卜道成。1924 年 7 月，加拿大议会通过法案，给齐鲁大学授予执照。

1929 年秋天齐鲁大学爆发了史称"立案风波"的学生罢课风潮。林济青在这场风波中临危受命出任齐大代理校长。同年，国民政府颁布《大学组织法》与《大学规程》，要求所有民办大学一律立案纳入管辖，并冠以"私立"二字，其校长必须由中国人担任，外国人在学校董事会中的名额不得超过 1/3。在此背景下，齐鲁大学对各方面进行了适应性改革，淡化宗教色彩，把办学目标修改为"培养学生具有爱、服务和牺牲的精神，造就学生具有崇高的品质，提供专业的训练，满足社会需要"。1930 年，学校聘请孔祥熙任董事长兼名誉校长、朱经农任首任华人校长，改礼拜堂为大礼堂，不入基督教的师生数量大为增加。国民政府教育部派王慎明视察文、理两学院，尹莘农视察医学院，均认为合格，遂于 1931 年 10 月 17日批准私立齐鲁大学注册立案。

林济清秉承"尔将释真理，真理必释尔"的办学理念，坚持科学主义精神和严谨的学风，创新办学思路，延揽人才。先进的办学模式、良好的教学氛围及公园式的美丽校园使得齐大声名鹊起，20 世纪 30 年代是齐鲁大学的全盛时期，老舍、钱穆、顾颉刚、栾调甫、马彦祥、吴金鼎、胡厚宣等一些学术名家先后在此执教。学校的医科实力最强，有"南湘雅、北齐鲁"之称。当时的齐鲁大学号称"华北第一学府"，和燕京大学并称"南齐北燕"。

抗日战争爆发后，1937 年 9 月，齐鲁大学宣布停课，除部分员工留守外，大部分师生及主要教育教学设备迁往四川成都，与华西协和大学、金陵大学、金陵女子文理学院、燕京大学等在华西坝办学，史称"华西坝五大学"。五大学虽然都拥有自己的师资和课程，但共用教学实验室及设备，各学校间学分互认，共享师资和课程。

1945 年 8 月 15 日，日本宣布无条件投降，齐鲁大学回迁济南。经过整修，于当年 10 月 1 日正式在济南复校。

新中国成立前夕，为避战祸齐鲁大学再次迁校：文理学院迁往浙江杭州郊外的云栖寺，克服困难正常上课，实验课程借用浙江大学的仪器设备和实验室；医学院则迁往福州，在协和医院开课。1949 年 10 月学校返回济南。

1951 年 1 月，华东军政委员会教育部接管并出资补助齐鲁大学，解聘外籍教师的行政和董事职务，中国人彻底收回了齐大的教育主权。

1952 年 9 月，全国高等院校进行院系调整，根据华东高等学校调整方案，齐鲁大学被解体撤销，其原有各个学院分别并入专业相同的专门学院——神学院和国学研究所被撤销。理学院中的生物、物理、化学三系并入山东师范学院（今为山东师范大学）；药学系并入南京药学院（今为中国药科大学）；文学院中的天算系并入南京大学，天文台也被搬到了南京紫金山；经济系与山东会计专科学校组建山东财经学院（1953 年冬大部并入上海财经学院，1958 年重建，后改名山东经济学院，今山东财经大学）；文学院其他专业并入当时在青岛的山东大学；农业专科划归济南山东农学院（今山东农业大学）；医学院与原来的山东医学院、华东白求恩医学院组建新的山东医学院（即后来的山东医科大学，2000 年与山东工业大学同时并入山东大学，今为山东大学趵突泉校区）。

齐鲁大学校园即今天山东大学趵突泉校区。其建筑以德国、英国、美国的风格为主，并采用了大量中国传统建筑的元素，教学区南北轴线长 200 多米，主要建筑呈东西对称分布，最北端为麦柯密古楼，最南端为康穆礼拜堂，两侧依次有考文楼与柏根楼相对、葛罗神学院与奥古斯丁图书馆相对，六栋建筑围成长 200 米、宽 100 米的中心花园，八条道路呈放射状。校园内的主要道路均以两旁栽植的花木命名，由北向南为杏林

路、槐荫路、丹枫路、松音路、青杨路、长柏路，校园堪称近
现代建筑艺术的博物馆。2006 年被列为山东省重点文物保护
单位。

齐鲁大学

4　中国奥运摇篮

2008 年是中国年，是北京奥运年。山东大学这所百年名
校与中国的奥林匹克运动有着悠久的历史渊源，为中国参加奥
运会及训练、培养运动员做出了应有的贡献。

从中国第一次申请参加奥运会开始，山东大学就同奥运
会结下了不解之缘。1932 年春，东北大学体育科因故停办，
山东大学校长杨振声便函请著名体育家时任东北大学体育教
授的郝更生、宋君复先生到国立青岛大学任教。经过辗转，
郝更生教授如期到达青岛，担任国立青岛大学体育部主任兼

群育主任。1933 年郝更生教授调任体育部体育督学，专职从事体育管理与组织工作。宋君复教授继任国立山东大学体育部主任。

郝更生教授是中国第一次申请参加奥运会的发起人。宋君复教授是著名短跑运动员刘长春的教练，曾带领刘长春代表中国去美国洛杉矶参加了第十届奥运会。刘长春是参加奥运会的第一位中国运动员，宋君复是参加奥运会的第一位中国教练员。

"九一八"事变后，国民党政府教育部以国难当头为"由"，拒绝中华全国体育协进会的要求，宣布不派运动员参加第十届洛杉矶奥运会。但此时，日本帝国主义要派遣东北选手刘长春、于希渭代表伪"满洲国"参加奥运会，这立即引起了进步力量和体育界人士的愤怒和抗议。

原任东北大学体育教授的宋君复，此时刚从沈阳到国立青岛大学，而刘长春是东北大学体育科的学生，两人有着良好的师生关系。在老师宋君复的强烈感召下，刘长春在《体育周报》上发表声明：苟于之良心尚在，热血尚流，又岂能忘掉祖国，而为傀儡伪国做马牛。

在宋君复等人的精心筹划下，刘长春作为中国代表团唯一的运动员参加了第十届奥运会，这是中国第一次派遣运动员参加奥运会。当时，中国代表团正式成员仅有 6 人，分别为领队、中国体育协会总干事沈嗣良先生，旗手、中国著名短跑运动员刘长春，教练、国立青岛大学体育系教授宋君复及旅美华侨刘雪松、申国权、托平。而代表团的实际领军人物正是宋君复。这次奥运会开创了中国奥运历史的新纪元。

大赛闭幕后，宋君复与刘长春应世界青年大会的邀请，参加了主题为"九一八事变"的演讲。为了这次演讲，宋君复彻夜准备发言材料。在演讲时，他慷慨陈述，揭露"九一八事变"的真相，澄清了许多问题。他那流利的英文让与会者陡生敬意。

从洛杉矶回国后，宋君复深深意识到中国体育的落后。在中国建造一座五星级的体育场，这是宋君复在留学美国期间就有的梦想。参加洛杉矶奥运会期间，奥运会主会场的建筑给宋君复留下了深刻印象。

1933 年要在青岛召开第 17 届华北运动会，这使得宋君复意欲建造一座"奥运样式的体育场"的设想得以实现。是年 6 月末，由宋君复提供图纸，耗资 19 万余元、费时 4 个月的青岛第一体育场在汇泉湾建成。当时宋君复设计的青岛体育场，围墙呈锯齿堡状，气势磅礴，是洛杉矶体育场在"海外"的缩小版。1933 年 7 月，这座著名的奥运建筑正式投入使用，占地 76000 平方米，可容观众 16000 人，半个多世纪以来对中国体育的发展影响深远。

在宋君复的推动下，1935 年，国立山东大学在校园里建起了一座体育馆，这是当时国内大学体育馆中最先进的。体育馆设施齐全、先进，群众体育运动开展得有声有色。体育馆内从早至晚参与运动的学生川流不息，青岛市的社会团体及其他学校的学生也利用晚间到体育馆来参加各种比赛，对青岛市体育运动的进步起了很大的推动作用。

1935 年 7 月 10 日～8 月 20 日，中华全国体育协进会仰慕国立山东大学体育馆的完美及青岛气候的适宜，把国立山东大学体育馆作为参加第十一届德国奥运会中国运动员的训练营。宋君复奉命筹建中国体育代表团，参加在德国柏林举办的第十一届奥运会。

1936 年 8 月，时任国立山东大学体育部主任的宋君复教授带领中国田径运动队参加了德国柏林第十一届奥运会，时任中国体育督学的郝更生先生率中国体育考察团也同时前往。中国奥运会代表团共有 69 名运动员，他们参加了田径、游泳、举重、自行车、拳击、篮球和足球 7 个大项的比赛。宋君复对篮球运动颇有研究，除了辅导刘长春以外，还负责指导第十一届奥运会中国代表团篮球队。

1948 年第十四届伦敦奥运会，是旧中国最后一次组队参加的奥运会。宋君复与王正廷、马约翰、董守义等 7 人组成遴选委员会，全面负责中国代表团的组建工作，同时宋君复还出任篮球队遴选委员会委员，并作为中国篮球队教练，前往英国伦敦参加第十四届奥运会。

作为中国第一批体育专家、著名体育教育家，宋君复一生致力于中国体育的发展壮大，在国立山东大学执教期间，分别于 1932 年、1936 年和 1948 年参加了第十届、十一届和第十四届奥运会，成为旧中国唯一参加过三次奥运会的人。

从 20 世纪 30 年代开始，山东大学就在全国高校中崭露头角，以人格与个性培养而闻名。山东大学的体育运动开展得有声有色。20 世纪 80 年代，山东大学的办学水平有了更大提

升，特别是进入 21 世纪，一大批德才兼备的体育健将纷纷到
山东大学求学深造，培养出举重奥运冠军林伟宁、万米赛跑奥
运冠军邢慧娜等体育明星，为祖国争光。

为了申办和迎接北京奥运会，山东大学举办了多种以迎奥
运为主题的活动。山东大学师生、校友踊跃参加奥运志愿者、
火炬手选拔活动，一大批优秀的山东大学师生和校友被推选为
奥运志愿者和火炬手。

2008 年是中国奥运年。山东大学以迎奥运、庆奥运为主
题，举办了多种文化体育活动，丰富了校园文化生活。

5　中国第一个水产系

国立山东大学水产系，创建于 1946 年初，是中国第一个
有规范专业设置、教学计划的四年制本科水产学系，为中国水
产学科的发展、水产人才的培养以及水产事业的发展做出了重
要贡献。

20 世纪三四十年代，中国水产事业落后，没有从事水产
教育的专业机构，中国广阔、丰富的水产资源得不到开发利
用。一些有识之士积极建议当时的国民政府在山东创办水产教
育机构。

1946 年春，在停办 8 年之后，国立山东大学在青岛原址
复校，赵太侔再任校长。赵太侔校长在《本校校庆典礼校长
补志》中进一步提出山东大学利用海洋水产特色服务社会的
发展理念，指出："一个大学与其所在地方，有着密切的联

系，大学既受到地方的供养，一方面要协助地方解决各种技术上的问题；同时要供给地方所需要的人才。我们造就的学生，如果不能适应这种需要，那是我们未能尽到责任。"经过紧张筹备，教育部同意在青岛的山东大学设立水产系，隶属国立山东大学农学院，这是中国高等学校中设立的第一个水产学科本科教育学科点，成为国立山东大学重要院系之一。

1946年3月，国立山东大学启动水产系筹备工作。1946年10月，水产系首次招收本科学生52人，开创了中国水产高等教育的新纪元。

水产系创立之初，在国立山东大学分校（青岛市泰山路）办学，著名海洋生物学家曾呈奎任代理系主任；1947年3月水产系改属理学院，迁入青岛市鱼山路校本部，朱树屏教授任系主任；1948年9月，因朱树屏教授借聘期满，改由沈汉祥教授任系主任。当时设渔捞、加工、养殖三个专业组，有学生103名，教职工24名。1948年5月，为使中国的水产事业更快地发展起来，奠定中国水产研究与教育的基础，南京国民政府批准在国立山东大学水产系建立水产研究所。1948年9月15日，水产研究所首次进行研究生招生考试。此次招生涵盖渔捞学、鱼类、水产生物、养殖学、水产化学、水产生态学和水产生理学等学科领域。

朱树屏是著名海洋生态学家、海洋化学家、浮游生物学家和水产学家。朱树屏任水产学系主任期间，重视学科基础建设，成立了渔捞、养殖、加工三个专业组；重视基础课教学，安排水产系学生到理学院各系修基础课；他自编教材，先后教授湖沼学、浮游生物学、水化学等专业课程，经常举办有关海洋、水产方面的讲座，还亲自带领学生出海采集实习，培养学生现场调查能力，深受师生敬仰。他还注意充实教学设备，仔细规划课程，延聘师资，使当时国内唯一的四年制本科水产系初具规模，培育出了中国首批大学本科水产专业人才。

1952 年全国院系调整期间，根据农林水利部关于"今后全国渔业中心在华北，华北渔业中心在山东，山东渔业中心在青岛"的指示精神，山东大学水产系得到重点发展，水产系将原有的 3 个专业组改为工业捕鱼、水产加工和水产养殖专业。

1953 年，水产系改设水产专业，开设普通植物学、水产动物学、达尔文主义、遗传学、普通物理、普通化学、分析化学、海藻学、贝类学、鱼类学、浮游生物学、经济海产学、无脊椎动物学、胚胎学、海洋学等基础课和专业课。为此，相继建立了水产通论教研组、水产动物教学小组、水产加工教学小组、渔捞渔具教学小组、航海船艺教学小组。

1953 年 4 月，河北水产专科学校停办。9 月 8 日，河北水产专科学校的部分师生并入山大水产系。山东大学水产系的教学师资与仪器设备得到进一步加强，由此，山东大学水产系成为学校重点发展的学科之一。

1958 年 10 月，山东大学主体迁校济南，水产系和海洋系、地质系、生物系的海洋生物专业、物理系和化学系的部分教研组等留在青岛，暂时形成了济南和青岛两地办学的格局，水产系主任由薛廷耀教授担任。1959 年以山东大学水产系和海洋系为基础成立山东海洋学院。

1950～1958 年，山东大学水产系共毕业学生 241 人，不少学生成为中国水产事业的骨干和国内外有影响的专家学者。

6 1952 年院系调整

中华人民共和国成立之后，针对旧中国的高等学校数量少，师资分散，设备简陋等状况，国家对某些院校或个别系、科进行了调整和迁并，但这些变动不是在全国统一计划下进行的，也没有达到从根本上改变旧的大学制度之目的。后来，在全面学习苏联的经验中，中央教育部于 1952 年夏季制订了"以培养工业建设人才和师资为重点，发展专门学院，整顿和加强综合大学的方针，以华北、东北、华东为重点，进行全国高等院校的院系调整工作"的计划，经过中央人民政府政务院批准，于同年 8 月初通知各大行政区教育部贯彻执行。

山东高等学校院系调整工作是通过山东省文教委员会第六次扩大会议布置的。会议于 1952 年 8 月 13～15 日举行，历时 3 天。会议决定以原山东高等学校学习委员会为基础，吸收各院校负责同志和教授，成立了 37 人的华东高等学校院系调整委员会山东省分会，夏征农任主任委员，华岗、王众音、王统照、刘剑飞任副主任委员。各院校以原学习委员会为基础，扩大调整委员会。

校长华岗参加了这次会议，返校后于 8 月 19 日召开校务委员会常委会议，传达了"山东省文教委员会第六次扩大会议"的精神，研究制订了山东大学的调整方案和计划，确定工、农、医三院和政治、艺术两系调出，独立建院。并在校学委会基础上，吸收青岛市委宣传部同志参加，成立学校的院系调整委员会，华岗任主任委员，李芸生、童第周、陆侃如、吴富恒任副主任委员，崔戎等20人为委员，领导全校院系调整工作。同时在工、农两院分别成立院系调整分会，政治、艺术两系成立院系调整小组，具体领导本单位的调整工作。

8月23日，学校召开校务委员会第十一次扩大会议，华岗全面传达华东地区院系调整会议精神和本校调整方案。会上通过了院系调整委员会（组）人选名单，并成立了秘书、宣传、总务、联络、物资清点等组织，专人负责，尽快做好各项准备工作。

院系调整工作从8月19日开始到9月30日全部结束，前后共计6周时间，按预定计划完成了工农两院（共七系）与其他四个系的调整工作。

山东大学做了以下调整与迁并工作：

（1）政治系迁至济南，组建成山东省政治学校，后为中共山东省委党校。

（2）艺术系的戏剧组迁至上海，与上海戏剧专科学校合并，组建成中央戏剧学院华东分院，后为上海戏剧学院。

（3）艺术系的音乐、美术两组迁至无锡，与上海美术专科学校、苏州美术专科学校合并，组建成华东艺术专科学校，后为南京艺术学院。

（4）工学院的土木工程系与原山东工学院的土木、纺织两系合并，成立青岛工学院。后来迁至武汉与有关院校的系科合并，后为武汉测绘科技大学。

（5）工学院的机械、电机两系迁至济南，与原山东工学院合并，现为山东大学南区（即原山东工业大学）。

（6）农学院的水产系留校，农艺、园艺和植物病虫害三系迁至济南，与原山东农学院合并，后为山东农业大学。

（7）理学院的地质矿产系、采矿工程系迁至长春，与有关院校的系科合并，组建成长春地质学院。

（8）厦门大学海洋系理化组部分教师并入我校，与海洋研究所组建新的海洋系。

（9）医学院因受校舍的限制，暂缓调整。但已成立医学院建院筹备委员会，负责筹备建院的有关事项。1956年青岛工学院迁到武汉时，在该院校舍基础上组建成青岛医学院。

（10）1954年高教部拟改变现有高等学校的布局，报请国务院批准，将沿海某些高等学校内迁并增加新的专业，其中有上海交通大学、上海第一医学院、山东大学等。当时决定将山东大学迁往河南郑州。后来教育部经过审慎研究，决定将山东大学迁往郑州改为由山东大学派人去郑州筹建一所新的大学，并给予师资支援。在决定把学校迁往郑州时，学校即派总务长刘椽、总务处主任秘书董树德、总务科长于建、基建办公室技术员刘岩等26人前往郑州筹建。经过两年的努力，在1956年夏完成了主要建筑的修建，秋季开始招生上课，山东大学从文、理各系选调一部分教师支援。这就是今天的郑州大学。

经过一个多月的院系调整，学校分出的工、农二院和地矿、政治、艺术三系，以及后来在青岛独立的医学院和海洋、水产两系，分布在山东、吉林、湖北、江苏、河南、上海六个省市，发展成为山东工业大学、山东农业大学、中共山东省党委党校、长春地质学院、上海戏剧学院、南京艺术学院、武汉测绘科技大学、郑州大学、青岛医学院、山东海洋大学十所高等学校，为促进新中国高等教育的繁荣做出了贡献。

院系调整后，学校除暂保留的医学院外，取消院一级的建制，设中文、外文、历史、数学、物理、化学、生物、海洋、水产9个系。

这样，由教育部直接领导的、以文理为主的综合性大学——山东大学至此定型了。

7 学报之王——《文史哲》

山东大学于1951年4月创刊的《文史哲》是新中国第一家高校文科学报，无论从时间上，还是质量上，堪称中国高等学校的"学报之王"。

1951年4月，在华岗校长的支持下，山东大学文学院和历史语文研究所的部分教师，成立了《文史哲》杂志社，共同创办了综合性的学术刊物《文史哲》杂志。大家一致推举校长华岗为社长、副校长陆侃如和文学院院长吴富恒为副社长。编辑部主编是历史语文研究所主任杨向奎，编辑工作主要由文史两个专业的几位教师兼任。5月，《文史哲》于青岛山东大学正式创刊，是新中国创办最早的高校文科学报和人文社会科学杂志。

1952年9月成立编辑委员会，编辑委员有华岗、陆侃如、吴富恒、王仲荦、朱作云、孙昌熙、殷焕先、吴大琨、郭根、黄嘉德、童书业、张健、葛懋春、赵俪生、刘泮溪、刘敦愿、卢振华等。

创刊伊始，《文史哲》坚定不移地恪守"学者办刊""造就学者"的原则，"扶植小人物""学者的摇篮"，是学界60多年来对《文史哲》的广泛称誉。一大批著名学者或者在这里刊发了处女作，或者在这里刊发了代表作，或者在这里刊发了成名作，新中国成立以来的著名学者大多在这里发表过文章。《文史哲》为此驰誉学术界，在数代读者心中留下了深刻印象。恰如著名学者裘锡圭先生所言："《文史哲》60年来为推进我国人文学科的发展做出了重大贡献。"余英时先生认为："《文史哲》杂志自问世以来即波澜壮阔，一展卷而数十年人文思潮之起伏尽收眼底。"日本池田知久先生的感受是："《文史哲》这份学术杂志在21世纪对海外从事汉学研究的学者和青年学生而言是憧憬的对象，指路的明灯。这部杂志给予我们的鼓舞、激励、抚慰和喜悦是怎么形容都不为过的。"

《文史哲》60多年来享有盛名这与它发起的一场又一场著名的论战和重大讨论是分不开的。20世纪50年代，中国史学界有"五朵金花"之说（即"五场重大论战"），其中至少有三朵即"中国古史分期论战"、"中国农民战争史论战"和"资本主义萌芽问题论战"是盛开在《文史哲》的，即由《文史哲》所发起和推动展开的。著名的"《红楼梦》讨论"是20世纪50年代《文史哲》引发众多论战中的具有代表性的一次。"文革"结束之后，中国思想文化界关于传统文化的大讨论即所谓的"文化热",即始于《文史哲》1984 年第一期的一组"文化史"笔谈。世纪之交前后,《文史哲》发动了两场引人瞩目的大讨论,即"儒学是否宗教"的讨论和"疑古与释古"的讨论。前一场讨论余波犹在,后一场大讨论至今尚未结束。从 2010 年开始,《文史哲》辟出专栏,再度推动"中国社会形态问题"的大讨论。这些讨论广受关注,《光明日报》、《文汇读书周报》、《中华读书报》、日本著名汉学刊物《东方》等著名报刊均进行了详尽的报道。

自创刊以来,《文史哲》杂志就致力于中国古典学术研究,古典性和高端性是《文史哲》所着力打造的特色。"昌明传统学术,锻铸人文新知,植根汉语世界,融入全球文明"是《文史哲》的办刊宗旨。由于其厚重的古典汉学风格,《文史哲》杂志早已迈出国门,走向国际汉学界。早在 1955 年 12 月,高教部就要求山东大学代表国家向英国、日本、苏联和越南等国的国家图书馆赠送《文史哲》杂志。此时的《文史哲》杂志已成为整个中国学术的重要窗口。如今,《文史哲》已经发行至 30 多个国家和地区,海外期发行量达 545 份。世界著名大学图书馆大都有对《文史哲》的收藏,哈佛大学更是将《文史哲》杂志与《历史研究》《考古》《文物》列为它所认可的四家中国大陆学术期刊。

《文史哲》为打造成为国际汉学名刊而努力,受到二次文献的广泛关注。2004 年,《文史哲》在《新华文摘》《中国社会科学文摘》《高校文科学报文摘》三大文摘期刊的转载率,列全国高校学报第 2 位,在全国综合性社会科学期刊中居第 4 位。2005年度,《文史哲》在三大文摘期刊的文摘率为 41.3%,位居高校文科学报之首。影响因子近年来也一直名列综合性社会科学期刊和高校学报前列。

《文史哲》几乎囊括了所有相关奖项。2009年，《文史哲》荣获"新中国60年最有影响力期刊"称号；2011年，获第二届中国出版政府奖，成为全国高校人文社会科学学报界唯一获此殊荣的报刊，进一步巩固了其"学报之王"的地位。

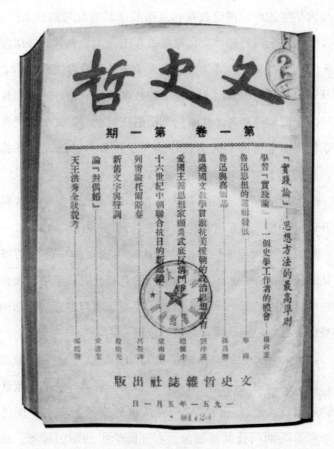

《文史哲》创刊号

8 民族精神进课堂

2001 年，针对当时高等教育存在的问题，特别是素质教育和民族精神教育中存在的问题，山东大学围绕如何对本科学生进行富有山东大学特色的文化素质教育，如何将文化素质教育与大学生的政治理论教育和人格品德教育有机地融为一体，以及能否在全国率先将文化素质教育纳入大学公共必修课程体系等问题，在文史哲等学科的专家学者和部分理工科的师生中展开调研和讨论，开展了大规模的教育改革活动。经过在各个校区的全面调研和若干次不同范围的研讨会后，文史两院先后向学校提出了将历史人文教育纳入学校公共必修课体系的建议，并提交了翔实可行的论证报告。

9 月 17 日历史文化学院向学校提出《关于在全校本科学生开设〈中华民族精神概论〉的建议》，认为：

（1）一个民族的历史，以及这一历史过程中形成的民族文化和民族精神，属于知识和学问的范畴，更属于道德和价值的范畴，它凝结着一个民族世世代代的情感与理想，是标识民族身份、维系民族认同感的最终依据。

（2）以中华民族悠久的历史与灿烂的文学史为教学切入点，以中华历史文化所负载的民族情感、民族理想和民族认同为讲习重点，通过开设"中华民族精神概论"和"中国传统文学修养"两门公共基础课，在开阔学生的知识视野、提高其文化素质的同时，培养学生的人文使命感和民族责任感，进而完成"文化素质"与"民族精神"的一体化教育。

（3）这种一体化教育与目前高校中已经开设的大学公共政治课程，可以互相补充，互相深化，从而在"学术研究"、"知识学习"、"人文教化"和"政治教育"的自然交叉中，构建一个主线明晰而又内蕴丰富的新型大学公共基础课程体系。

（4）就大学人文教育的现状而言，目前，中国高校中至少存在着以下四个人们所普遍感受到的问题：过窄的专业教育；过重的"应试""实用"的导向；人文素质教育游离于课程体系之外；把人文教育等同于一般的文体活动和一般的技能训练，从而忽视了人文传统和文化精神的培养。如果山东大学能率先对上述问题予以变革，将有可能为中国大学的人文教育提供具有一定示范意义的经验。

（5）山东大学"素以文史见长"，历史文化学院和文学与新闻传播学院具有很强的学术实力和师资队伍，完全有能力完成上述四点中所提出的设想、目标和任务。

学校非常重视历史文化学院的报告，很快就组织相关专家学者进行论证，对中华民族精神概论课程研究实施过程中特别需要解决的问题，如文史哲学科资源的整合以及科研资源如何转化为教学资源的问题，课程体系设计和教学组织、师资队伍的整合问题等，学校教学和科研主管部门及相关学院对此予以充分关注并进行充分的研究和协调解决，在教学计划中明确了中华民族精神概论课程的定位、属性和课时。

2001年11月5日山东大学正式发文《山东大学关于整合完善本科专业教学计划的若干意见》，决定依托山东大学"文史见长"的学科优势,以公共必修课的形式,在全校非文史类的本科生中同时开设"中华民族精神概论"和"中国传统文学修养"两门课程,作为学校提升学生文化素质的核心和特色课程。

"中华民族精神概论"是一门融专业知识、学术人文、政治理论、道德教育于一体的综合性的课程,具有极为丰厚的内容,需要把历史与现实结合起来进行设计和阐释。

教学团队十分重视"中华民族精神概论"(以下简称"民论")课程体系和教学内容的设计,将其基本内容概括为 7 个方面。

(1)研究和讲授中华民族精神产生和发展的历史。

(2)研究和讲授中华民族精神的主要特征,主要表现为积极进取,百折不挠的拼搏精神;博大宽容、互助互尊的友好精神;国家兴亡、匹夫有责的爱国精神;注重实际的现实主义精神;身体力行的实践主义精神等。

(3)研究和讲授中华民族精神的不同侧面。如中华民族的自强精神、宽容精神、爱国精神、自由精神、勤俭精神、重德精神、务实精神、人本精神、变革精神、民本精神等。

(4)研究和讲授中华民族精神的物化特征。如"龙的传人与中华民族""长城与民族精神""黄河与民族的血脉""泰山与中华民族的风骨"等。

(5)研究和讲授中国传统文化中所蕴含的民族精神。如"中国艺术与中华精神""中国史学与中华精神""中华民众与中华精神"等。

（6）研究和讲授"重大事件与中华民族精神""杰出人物
与中华民族精神"。如"屈原投江与爱国精神""五四运动与科
学启蒙精神""延安整风与实事求是精神""孔颜人格""老庄
风度""包拯与清官文化""鲁迅精神""雷锋精神"，等等。

　　（7）研究和讲授中华民族精神的功能，着重阐述民族精
神在"中华民族的伟大复兴"中的作用。

　　在内容设计上，"中华民族精神概论"是一门通过对特定
的历史人物（如屈原、苏武）、特定历史事件和特定文化成果
（如《论语》《易经》"宋明理学""禅宗"）的阐述，以体会
和领略民族精神的课程。

　　在课程设计上，采取纵横结合的方式。"纵"的方面，以
中华民族的历史进程为基本脉络，按时代顺序，如"远古时
期""先秦时期""汉唐时期"等，分几个大的单元；"横"
的方面，在每个单元中，选取不同的横断面，进行专题讲授，
如在"先秦单元"中，讲授《易经》与中华民族"自强不息，
厚德载物"的精神、屈原与传统士人的人格建构等，让学生
从具体的历史人物、历史事件和具体的文化成果中真切地感受
到民族精神的跳动。

　　在授课理念上，凸显学术理性。即在强调弘扬优秀的传统
文化和民族精神的同时，努力将这种"弘扬"变成一种科学
的人文素养，养成一种学理上的自觉认同，从而使大学教育与
中学教育有所区别，同时也能更好地体现出大学教育中知识和
价值、学问和情操、科学性和政治性的圆满结合。

　　在授课方式上，要求避开"通史"式的课程设计，也改

高度重视。经 2010 年 7 月 8 日第七次山东大学校长办公会通过，学校成立"子海"领导小组，由徐显明校长任组长，分管文科的副校长任副组长，各相关处、院领导任组员，负责统筹协调"子海"的运行、筹资等各项工作；成立了由首席专家郑杰文教授领衔的"子海"编纂委员会。编委会成员中除山东大学有关学者外，还有北京大学、南京大学、台湾大学、台北大学、香港中文大学、澳门大学以及日本东京大学、美国哈佛大学和德国慕尼黑大学等国内外高校的专家。编委会在领导小组的指导下，负责制定"子海"整理与研究学术规划与整理规范，书稿质量审查等管理工作；成立了"子海"编纂中心，具体负责甄选底本、标点校勘、学术研究、出版、宣传等日常工作。学校专门为子海编纂中心分配了科研用房，配备了相关工作人员。

"子海"项目规模之大，主要体现在以下几个方面。

（1）国家拨款，学校配套，数额之大，史无前例

国家社科规划办公室每年下拨专项科研经费 80 万元，学校除按国家到位经费的 1:1 比例给"子海"编纂中心划拨配比经费外，每年再从学科建设经费中也按国家年度到位经费的 1:1 比例划拨专项科研经费。项目计划 10 年完成，到结题之日，累计经费总额可达 2400 万元。

按照"子海"项目的总体规划，预算经费总计 9000 余万元。因此，除了国家与学校的划拨资金之外，在学校领导的指导下，"子海"编纂中心又向山东省委、省政府提出了资金支持的申请，现已获得山东省委与省政府的许可，省领导已责成

省委宣传部、省财政厅、省文化厅等各有关单位联合成立
"子海"工作协调小组，帮助"子海"项目筹措资金。

（2）收书之多，超越前代，篇帙之巨，一时无二

"子海"项目共包括四个板块，每个版块分别承担着不同
的学术使命。

一是《子海精华编》，精选子部要籍 500 种，根据每种子
部要籍以往流传与整理的实际情况，分别采取最为可行的方式
加以整理。

二是影印出版《子海全编》。选择周秦至清末重要子书
5000 种，遴选精善或稀见之本为底本，分期影印。清代乾隆
年间《四库全书》，共收录先秦至清代前期古籍 3503 种，《子
海全编》只收子部之书，已达 5000 种，可见收书之多，远超
前代。

三是撰写出版"诸子思想文化精华研究丛书"。立足于子
学文献的现代文化意义及其对当今现实政治与国际社会的资治
作用，设计了 100 个研究课题，涉及传统子学典籍中所包含的
农学、兵学、武术、医学、园艺学、历算学、格致之学、蒙
学、女学以及术数、艺术、文房、饮食、民俗、宗教等诸多
方面。

四是撰写《〈子海精华编〉提要》500 篇，用 5000 到
10000 字的篇幅，简要地介绍《子海精华编》中所收每部子部
要籍的作者的学术生平，详细地论析每部要籍的思想内容及其
学术价值。

这四个版块研究成果的字数共计可达 2 亿，篇帙之巨，不

难想象。

（3）作者众多，来源广泛，层次之高，一时称最

截止到2011年7月底，"子海"编纂中心已从山东大学以及北京大学、复旦大学、南京大学、武汉大学、厦门大学、西北师范大学等30余所高校中，分三批选聘了97位科研人员，启动了《子海精华编》中134种子学要籍的整理工作。

另外，也有不少台湾地区和国外学者以各种方式加盟子海项目。中国台湾大学知名学者叶国良教授于2011年8月～2012年8月来山东大学"子海"编纂中心进行合作研究，主要负责审稿工作。德国慕尼黑大学著名汉学家叶瀚教授已经启动了《鬼谷子与纵横家研究》一书的撰写工作，完稿后将收入"诸子思想文化精华研究丛书"。美国夏威夷大学著名汉学家安乐哲教授已完成《儒家角色伦理》一书的英文稿，目前中文版的翻译工作正在有序进行。

山东大学以"子海"项目为平台，广泛开展国际合作交流活动，将国内外几十所著名高校的几十位资深古典学者集结在一起共襄盛举，对国际社会所产生的良好的学术影响是不可估量的。

（4）严格管理，制度完善，效率之高，堪称典范

为了保证书稿的质量，"子海"编纂中心专门编制了《子海精华编整理细则》，在全国范围内广泛征询了众多专家的意见之后，又经过十几次修改，才最终定稿。

为使"子海"项目的管理更加科学化、规范化，"子海"编纂中心还制定了《"子海整理与研究"项目管理办法》

《"子海整理与研究"项目经费管理办法》《〈子海精华编〉整理工作流程》《〈子海精华编〉整理者遴选办法》《〈子海精华编〉责任编纂工作细则》《〈子海精华编〉审稿专家聘用办法》《〈子海研究编〉作者遴选办法》等一系列的管理文件，并在日常的编务工作中严格执行。

为了提高各项工作效率，"子海"编纂中心为已启动的《子海精华编》各子项目配备了专任责任编辑（每位责任编辑负责 30 个子项目），设计了《〈子海精华编〉子项目管理卡》，规定专任责任编辑与各子项目承担者每月至少联系一次，并将联系情况特别是整理进度、遇到的问题填在各子项目电子文档中，以跟踪掌握各子项目的整理进度和相关情况，并及时解决整理者提出的问题。

另外，"子海"编纂中心还编印了《子海特辑》三大册，收录山大前辈学者未出版的子学研究遗作，有高亨先生《老子哲学》《庄子哲学杂论》《先秦诸子研究文献目录》，栾调甫先生《墨学概论》、《墨学》（第三册）、《名学》、《因明》（辩篇之二）、《名家言》（卷之九）、《坚白说》、《论逻辑与常语用名之异》、《答王启湘问》、《国学绪论》、《子书概论》、《指导研究》、《论语研究》，丁山先生《荀子均（韵）集》《五行考原兼论明堂五帝》，王献唐先生《公孙龙子选译》《老庄学案初稿》《鬼谷子札记》，共计 20 种（其中墨书手稿 17 种），已由凤凰出版社于 2011 年 6 月出版。这些未刊稿的问世，弥补了现代子学研究史的文献空白，为学术界提供了新的参考资料。

10 "天、海、韩"的特色

山东大学（威海）按照"以特色引领发展，以应用促进提高"的学科建设思路，确定了"突出强化'优势'学科、重点发展'特色'学科、大力推进'应用'学科"的学科建设工作原则，着力打造"天（即空间科学）、海（即海洋科学）、韩（即韩国教育与研究）"特色，成效显著。

（1）空间科学。2003年12月，为响应国家对于空间科学研究与技术发展的重大需求，山东大学与中国科学院国家天文台签署合作协议，双方约定成立山东大学空间科学研究院，并在威海校区成立空间科学与应用物理系。

山东大学现拥有国家杰出青年1人、新世纪优秀人才支持计划4人、省杰出青年2人，科研团队人均承担国家自然科学基金1项以上，在国际顶尖期刊上（如 *Nature Communications*，*PRX*，*PRL*，*ApJ*，*JGR*，*A&A*，*MNRAS*，*ICARUS*，*Solar Physics* 等）发表论文30多篇，获得了20余次国际学术会议邀请，在国内外已产生一定影响。山东大学空间科学研究院团队成员获美国地球物理学会 BASU 青年科学家奖、山东省高等学校优秀科研成果一等奖、山东省富民兴鲁劳动奖章、宝钢优秀教师奖、威海市自然科学优秀学术成果一等奖等。近5年来，学校主持承担各类国家自然科学基金近30项，并参与承担国家基金委重大项目1项及科技部973计划项目1项，负责基金委重点项目2项；实质性参与了国内重大空间探测项目如"夸父计划""嫦娥一号""萤火一号"等国家重要空间探测项目的研究工作。

2007年6月,学校与国家天文台、威海市政府共建的两座天文台建设完成并投入使用。天文台安装的1米望远镜是目前国内高校直径最大、技术水平最高的科研专用望远镜,具备系外行星搜寻和空间碎片的观测与追踪能力,发现并获得永久编号小行星13颗,使山东大学成为国内第三家具有小行星命名权的单位。天文台还获得"全国科普教育基地"和山东省"四星级科普教育基地"等称号。

(2)海洋科学及相关领域研究。山东大学(威海)海洋科学的研究起源于1995年建立的水产系。学校通过不断深化与中国科学院海洋研究所和中国海洋大学的合作,积极凝练学科方向,进一步明确了海洋学科的基本定位,即以海洋研究院和国际生物技术研发中心为平台,以生物学科为基础,以应用海洋学科为主体,以海洋生物制药为重点,以海洋生物保护学科为特色,充分依托山东省的地缘优势,确定了海洋生物保护、海洋生物制药、海水增养殖理论与技术、海洋微生物学、应用海洋化学、生化与分子生物学6个研究方向和团队;在海洋水产品增养殖技术与海洋食品药品研发等领域取得了一系列重要成果,产出了一大批专利技术,市场前景极为可观。

经过近几年的发展和建设,学校先后承担并完成国家973计划、863计划以及国家自然基金项目、国家农转资金项目、国际合作项目、山东省自然基金、山东省杰出青年基金等省部级以上科研项目30余项,在国内外重要学术刊物发表论文200余篇,先后成立山东大学威海国际生物技术研发中心、威海市海洋研究院、威海市海洋优良品种引进和培育工程技术研究中心等9个科研机构，已走出一条以海洋专业为特色、以工程应用为核心、产学研全面发展的良性发展道路。

（3）韩国教育研究与文化交流。2003年，学校成立了国内首个专门以韩国为教育、研究、交流对象的"韩国学院"，积极推进对韩教育研究和中韩文化交流。

经过多年发展，通过有机整合各学科科研力量，"韩国学院"现已对韩研究范围扩展到韩国政治、外交、经济、中韩关系、语言文学和文化等领域，形成了全方位对韩研究的格局。"韩国学院"在韩国影响力日增，是中韩关系发展"智库"的成员之一，也是韩国教育部指定的"海外韩国学重点大学"之一。

"韩国学院"先后承担国家级课题3项、省部级课题10余项、横向及国际合作项目10余项，有多个项目获得了韩国大学中央研究院、高丽大学和韩国文学翻译院等机构的立项。《韩国蓝皮书：韩国发展报告》是国内唯一总结韩国年度发展情况的定期出版物，已列入"十二五"国家重点图书出版规划项目和"中国社会科学院创新工程学术出版项目"。研究报告"中韩战略合作伙伴关系研究"，成为国家外交部和中国人民对外友好协会委托项目。"朝鲜半岛数据库建设"成为国家安全部门委托项目，是国内最大的朝鲜半岛数据库。

截至2013年，学校已与韩国28所知名高校开展了学生互派、教师交流、科研共享等实质性合作。针对威海与韩国经济联系紧密、驻威韩资企业多的特点，学校专门开办了"国际经济与贸易＋韩国语"等特色班，学院在校研究生大都具有海外学习经历，本科生的海外学习经历达到了 50%；积极与韩国高校建设 Global E-school，满足学生不出国门即可选修国外名校优质课程的需求，人才培养成效显著，在对韩教育与交流上在国内和韩国教育界有着较为广泛的影响力。

11 AMS 热控制系统

由诺贝尔物理奖获得者丁肇中教授领导的阿尔法磁谱仪（AMS）项目，会集了 16 个国家和地区的 60 所著名大学和研究机构的 600 位科学家共同工作，历时近 20 年，耗资 21 亿美元，是 20 世纪末至 21 世纪初世界上规模最大的科学工程之一。AMS 与国际空间站、人类基因组测序和大型强子对撞机并称为世界四大科学工程。AMS 的物理学使命是在太空中探索暗物质和反物质的存在，以及宇宙起源等，是唯一被安装在国际空间站的大型永久性的科学实验装置，此项目将开启人类粒子太空探测的新时代。

山东大学于 2004 年参加 AMS 项目，程林教授在其中担任热系统首席科学家，全面负责热系统的研究与设计。程林作为第一责任人与来自美国麻省理工学院、瑞士苏黎世高工、美国宇航局等不同单位的 30 多位科学家一起，对 AMS 在各个季节的温度、运行方式以及空间站的方位，做了全部的热模型、热模拟和热测试，解决了人类历史上首次带电磁铁在太空中运行的温度控制这一关键问题。

AMS 是一项史无前例的科学工程，没有任何经验可以借鉴，没有任何以前的资料和数据可以参考。AMS 有 6 个非常精密的粒子探测器和 650 个微处理机，将在国际空间站工作 10 年以上，是人类第一次使用精密的探测器探测一个全新领域，而热系统则是所有这些仪器正常工作的基础。在 AMS 研究过程中，山东大学 AMS 团队在程林教授带领下，提出了大型科学仪器太空运行的散热蓄热协同原理、周期性冷热交替的最小温差原理和不稳定分散热源的最优传热方法；解决了粒子探测仪在国际空间站运行的关键科学问题；提出了不同结构形式的散热元件，保证了系统的高效散热以及温度场的均匀性和稳定性；提出了利用热管既作为散热元件又作为局部支撑元件的思路，并构建了一种新的特殊结构的热管，设计完成了主散热板，全面完成了热控制系统的热分析及其热控元件的相关设计。整体设计经过美国航空航天局（NASA）严格的技术评估与实验，完全满足任务要求，得到高度评价。丁肇中教授在提交的一份报告中指出："The entire thermal system was designed in Shandong University under the leadership of Professor Cheng Lin. The Engineering Model made in Shandong arrived at CERN last year（注：2007 年）on time and has been meticulously checked, and receive well-deserved high recognition by NASA. "他在致中国教育部的函中写道："1976 年以来，先后有数百位中国科学家和我一起工作，程林教授是最优秀的。"他还在致山东省科技厅的项目鉴定意见中提道："您将会高兴地获知整个项目组对山东大学工作最高程度的认可。事实上，正是山东大学的工作让这个实验真正成为可能。"

山东大学 AMS 团队在 AMS 项目所有参与机构中第一个完成任务，不仅得到了丁肇中教授和美国航空航天局的高度评价，而且也得到了党和国家领导人的高度赞赏。

2009 年 10 月，国务委员刘延东视察山东大学 AMS 中心时说："看了实验室以后，留下了很深的印象，你们和国际科学前沿接轨，做出了非常卓有成效的工作。我们国家正在由大国向强国迈进，在科学进步方面，我们应该在国际科学领域占有一席之地，你们的实验室做到了这一点。"

2010 年 7 月，在日内瓦参加世界议长大会的吴邦国委员长一行专程到欧洲核子研究中心（CERN），参观正在这里建设的 AMS。程林教授在 AMS 组装现场，向吴邦国委员长汇报了山东大学负责的工作，详细介绍了山东大学参与 AMS 项目中所产生的若干独有技术和创新之处，并向吴邦国委员长汇报了徐显明校长与丁肇中教授就山东大学继续进行 AMS 项目后续工作的一些具体事项达成的共识。吴邦国委员长在听取了程林教授的汇报之后说："山东大学的工作非常了不起，非常了不起。"

按照 2010 年 7 月徐显明校长访问 AMS 项目组期间与丁肇中教授就山东大学参加 AMS 项目的后续工作达成的一致意见，AMS 在国际空间站安装完成之后，将在全球建立三个数据中心，一个在美国，一个在欧洲核子研究中心，一个在山东大学。山东大学将继续承担 AMS 后续工作，全面负责热系统在轨运行监测和控制，而山东大学也将在第一时间共享 AMS 的数据和相关研究成果。

2011 年 5 月 16 日，AMS 搭乘位于佛罗里达州的肯尼迪航天中心（Kennedy Space Center, KSC）的美国"奋进号"航天飞机，并顺利升空；19 日，AMS 被安装在国际空间站上，当日，北京时间上午 10 时 12 分，设在山东大学的"AMS 数据中心"开始接收 AMS 热系统八个温度测点的数据信号。以此为标志，山东大学开始全面负责 AMS 热系统的监控，这也意味着山东大学热科学团队进入国际科学研究的最前沿。随后的时间，来自国际空间站上 AMS 连续数据显示，在太空环境剧烈变化的情况下，AMS 各部件实际工作温度分布完全符合设计要求，由山东大学设计完成的 AMS 热系统表现出极高的稳定性和可靠性，历时七年的研究获得了突破性成果。

AMS 是一项伟大的科学研究，同时，又是一个不断产生新思想、新发明、新技术的工程平台。整个过程诞生了诸多目前尚没有被推广应用的先进技术，具有广阔的产业化前景。事实上，仅 AMS 热系统即有十余项技术是目前中国不具备甚至今后一个时期也很难自主产生的，这些技术孕育着巨大的产业化潜力。其中，高精度热控制技术、环路热管技术和大功率热机械泵，不仅具有世界领先水平，而且具有批量生产的能力和广阔的应用前景。

应用于大规模集成电路、深冷、航空航天等领域的环路热管，基本垄断于美国等极少数国家，中国既缺乏真正有效的自主知识产权，又受到严格技术封锁与限制，因此未见批量生产。以 AMS 热控制系统为目研制的新型环路热管具有独特的旁路阀及主副毛细芯结构，完全实现了 35W ~ 600W 热量间大范围负荷的高效运转，并能在 −20℃环境下正常工作，代表了当今世界环路热管最高技术水平，其性能目前是世界上最优异的，同时也是 AMS 产生的最具代表性和实用性的典型技术。该技术完全产生于 AMS，具有清晰和无可争议的完全的知识产权。

三　宗师荟萃

1 状元校长——王寿彭

在近代中国高等教育史上，由一名科举状元担任大学校长的并不多见。1926 年的省立山东大学，就是由清末状元王寿彭担任校长的，这成为学界的一段佳话。

王寿彭（1875 ~ 1929），字次篯，山东潍坊人。清末民初著名学者、教育家、书法家，状元。其字以藏锋圆润、敦厚大气为特色，时人以"得其片纸寸缣为荣"。当年"山东大学"的校牌和齐鲁大学"校友门"的匾额均

王寿彭

为其所书。光绪二十八年（1902）王寿彭在乡试中考中举人，光绪二十九年（1903）连捷进士；1903，以第三十七名贡士参加光绪二十九年癸卯恩并正科殿试中第一甲第一名，授翰林院修撰。后王寿彭入进士馆读书，并在译学馆（北京大学前身）教过书；1905 年，随载泽、端方等五大臣出国，赴日本考察政治、教育和实业。他还著有《考察录》一书，倡导教育改良，兴办实业。宣统二年（1910），王寿彭到武昌，出任湖北省提学使，兼布政使，代理湖北巡抚，创办两湖优级师范学堂，为湖北、湖南培养了一批教育人才。辛亥革命后，王寿彭任山东巡按使署秘书，教育司长，北京总统府秘书、秘书长；1925 年，任山东省教育厅长。1926 年，王寿彭创办了省立山东大学并自兼校长。1929 年，王寿彭病逝于天津。

1926 年，奉系军阀张宗昌督鲁，6 月 30 日下令济南重建山东大学。1926 年 7 月 24 日，山东省教育厅发出指示，将山东省立农业、工业、矿业、商业、医学、法学 6 个专门学校合并改建为省立山东大学，并将山东省第一、第二、第六、第十 4 个中学高中部学生，拨给省立山东大学作为附中，又在省立山东大学增设文科，并由省教育厅长、清末状元王寿彭兼任校长。王寿彭于 8 月 5 日到职视事，启用校钤，并挂出了自书的"山东大学"校牌。王寿彭主持拟定山东大学规程，明确规定了办学宗旨和培养目的。9 月 5 日学校举行开学典礼，王寿彭在会上发表了"读圣贤书，做圣贤事"的训词。

省立山东大学设文、法、工、农、医 5 个学院（那时称科），有中国哲学、国文学、法律、政治经济、商学、机械、机织、应用化学、采矿、农学、林学、蚕学、医学 13 个系（那时称分科），并设有附属中学。文、工、农三院学制 4 年，法、医两院学制 5 年，实行学分制，学生毕业授学士学位。

作为山东省教育厅长兼山东大学校长的王寿彭，提倡尊孔读经。他在兴办教育方面表现出极大的执着和投入，为创办山东大学付出了不少的心血，从经费的筹措到学科的设置，甚至聘用教职员工，件件事情他都亲自过问。王校长积极广揽各类人才。当时山东大学的教师来源主要有两部分，一部分是科举出身的经史学者，另一部分是从德、英、日取得学位的回国留学生。新与旧的结合，使省立山东大学充满了生机。当时山东大学全校共有教职员工 330 人，在全国高校中也是阵容强大的。如文学院院长王宪五，清末拔贡，精通经学、古文，有"山东才子"之称；法学院院长朱正钧，曾留学日本；工学院院长汪公旭，曾留学德国；农学院院长郭次璋，日本早稻田大学毕业；医学院院长周颂声，曾留学日本。在那个内战频繁的动荡年代，王寿彭能够坚持办教育，使一些学生没有荒废学业也确属不易。尤其省立山东大学制定的《设学大纲》和明确的培养目标，比起山东大学堂时期是一个很大的进步，应该说王寿彭在其中做出了贡献。

2 杨振声与"酒中八仙"

20 世纪 30 年代初,国立青岛大学"酒中八仙"的故事广为流传,他们是杨振声、赵太侔、闻一多、梁实秋、刘本钊、黄际遇、陈季超和方令孺。在工作之余,他们经常外出聚饮,一边喝酒,一边谈论学术及治校方略,成为学界美谈。因其皆善饮酒,被称为"酒中八仙"。

国立青岛大学时期,著名教育家、文学家杨振声以北京大学为榜样,效法蔡元培在北京大学当校长时倡行的"兼容并包、学术自由""科学与民主"的办学方针,积极延聘专家学者到校任教,以提高新建立的国立青岛大学的师资力量和学术地位。许多著名专家学者如闻一多、梁实秋、黄敬思、黄际遇、汤腾汉、曾省、闻宥、游国恩、沈从文、傅鹰、任之恭等均应邀来校任教。另外,杨振声还经常邀请蔡元培、冯友兰、顾颉刚等学者名流来青岛大学讲学。这种重视专家学者队伍建设的政策对于快速提高学校的教育、科研水平起了重要作用,使国立青岛大学在短短两年时间蜚声学界,形成山东大学历史上的第一个鼎盛时期。

青岛虽然风景如画,但毕竟建立才几十年,诚如闻一多所言,青岛为新兴的摩登城市,且又地处海陬,既没有南京式的夫子庙,更没有北京的琉璃厂,缺乏文化氛围,又没有适当的娱乐,天长日久,生活颇为单调枯寂。为了活跃学校的气氛,教书育人之余，在校长杨振声带领下，这些文士频频外出聚饮，经常是三日一小饮，五日一大宴，猜拳行令，30斤的一坛花雕酒，一夕便一饮而尽。常聚饮者有校长杨振声、教务长赵太侔、文学院院长闻一多、外文系主任梁实秋、会计主任刘本钊、理学院院长黄际遇、秘书长陈季超和诗人方令孺。在一次饮宴上，闻一多趁着酒兴环顾座上共有八人——七个"酒徒"加一个"女史"方令孺，一时兴起，遂曰："我们是酒中八仙！"，一语道出了他们豪饮取乐的情态。"酒中八仙"遂得名，校史上便因此而留下了"酒中八仙"的美谈。其情形在梁实秋的《饮酒》和《酒中八仙》等文章中都有细致的描述。他们轮流在一个烟台派的山东馆子顺兴楼和一个河南馆子厚德福两处聚饮，一坛30斤的花雕抬到楼上筵席，每次都要喝光才算痛快。从薄暮时分喝起，起初一桌十二人左右，喝到八时，三五位不大能喝的就先起身告辞了，而剩下的八九位则是酒兴正酣，开始宽衣攘臂，猜拳行酒，夜深始散。"有时结伙远征，近则济南，远则南京、北京，不自谦抑，狂言'酒压胶济一带，拳打南北二京'，高自期许，俨然豪气干云的样子。"

他们酒风迥异，各有趣味：杨振声是几位"酒仙"的带头人，在校内，杨振声学养深厚、性格温和，是有名的君子，在酒桌上却"尤长拇战，挽袖挥拳，音容并茂"；赵太侔也是山东人，他寡言语，"有相当的酒量，也能一口一大盅，但是从不参加拇战"；闻一多"生活比较苦闷，于是就爱上了酒。他酒量不大，而兴致高。常对人吟叹'名士不必须奇才，但使常得无事，痛饮酒，熟读离骚，便可称名士'"；刘本钊喝酒"小心谨慎，恂恂君子。患严重耳聋，但亦嗜杯中物，因为耳聋关系，不易控制声音大小，拇战之时呼声特高，而对方呼声，他不甚了了，只消示意令饮，他即听命倾杯"；黄际遇是一位数学家，也是"酒仙"中年龄最大的一位，他是"每日必饮，宴会时拇战兴致最豪，嗓音尖锐而常出怪声，狂态可掬"；陈季超喝酒"豁起拳来，出手奇快，而且嗓音响亮，往往先声夺人，常自诩为山东老拳"。

"八仙"中唯一的女性是方令孺。梁实秋在《方令孺其人》中写道："由于杨振声的提倡，周末至少一次聚饮于顺兴楼或厚德福，好饮者七人，闻一多提议邀请方令孺加入，凑成酒中八仙之数。于是猜拳行令觥筹交错，乐此而不疲者凡两年。其实方令孺不善饮，微醺辄面红耳赤，知不胜酒，我们亦不勉强她。"

1931 年 1 月 27 日，胡适从上海赴北京就任北大文学院长，路过青岛时小憩，下榻宋春舫开办的万国疗养院。当晚，国立青岛大学"酒中八仙"设宴款待胡适，作陪者络绎不绝地劝酒，令胡适不胜酒力，看到他们划拳豪饮，胡适实在招架不住，急忙戴上太太送给他的刻着"戒酒"二字的指环，当作挡箭牌。

1932 年秋，国立青岛大学更名为国立山东大学，杨振声辞职，闻一多、梁实秋、方令孺等人离开了学校，"酒中八仙"星散，成为一首《广陵散》留在了人们的记忆深处。

3 人民艺术家——老舍

老舍（1899～1966），满族正红旗人，原名舒庆春，字舍予，中国现代小说家、文学家、戏剧家。1930～1937年，老舍先后在齐鲁大学和山东大学任教。

1930年7月，老舍第一次应齐鲁大学校长兼文理学院院长林济青的邀请来到济南，担任国学研究所文学主任兼文学院教授，负责讲授"文学概论""文学批评""文艺思潮""小说及作法""世界文艺名

老舍

著"等课程。

在此期间，老舍还主持和编辑了《齐大月刊》。《齐大月刊》是由齐鲁大学文学院、理学院和医学院合办的一个综合性刊物，除刊登学术论文外，也刊登一些文艺作品和一些反映学校动态、校际往来等内容的消息报道。编辑部由文、理、医三学院各派两名教师和两名学生任编辑委员，老舍先生就是文学院选派的两名教师之一，并被选派为编辑部主任，主持该刊的编辑和出版工作。《齐大月刊》创刊号在1930年10月10日正式出版，为大32开本，90余页，老舍为创刊号撰写了《编

辑部的一两句》和《发刊词》，阐明了该刊的创办背景、内容及办刊宗旨。《齐大月刊》自 1930 年 10 月 10 日创刊，至 1932 年 6 月休刊，共出版了两卷，每卷 8 期。

在济南这座温和朴实的古城里，老舍和普通的教员、记者、车夫、厨子、说唱艺人、民间拳师为友，汲取民间养分，创作了四部长篇小说——《大明湖》《猫城记》《离婚》《牛天赐传》，还出版了《黑白李》《微神》等十五部短篇小说、幽默诗文集《老舍幽默诗文集》，以及散文《趵突泉》《济南的冬天》等，并翻译发表了大量外国文学。此间，他看到第一次国内革命战争失败后日本帝国主义的肆意侵略和国民党反动派的卖国行径，激起他的愤恨，于是便创作了长篇小说《大明湖》，为济南人民以及所有蒙受侵略之苦的中国人民抒发愤慨。在这部小说里，他第一次描写了共产党人的形象。

1934 年秋，老舍到青岛山东大学任教。他先被聘为中国文学系讲师，一年之后，于 1935 年暑假被改聘为中文系教授，直至 1936 年暑假辞去教职为止。在此期间，老舍结识了许多当时聚集在青岛的文朋诗友。1935 年，老舍与洪深、王统照、臧克家等朋友一起在《青岛民报》附出《避暑录话》周刊，题名语意双关。一是避时令之暑，二是避"当局"之"暑"，所刊诗文俱出名家，不仅文字生动活泼，常有精美之作，而且立意精到，令读者眼前一亮，于是在青岛一纸风行，赢得了读者的喜爱。

1936 年，老舍辞职，从事专业写作。在山东工作和生活的这段时期，是他一生中创作的旺盛期之一。他先后编了两个短篇集《樱海集》《蛤藻集》，收入中短篇小说 17 篇。创作了《选民》（后改题为《文博士》）、《我这一辈子》、《老牛破车》和中国现代文学史上的长篇杰作《骆驼祥子》。《骆驼祥子》完成于 1936 年夏，发表于同年 9 月至翌年 10 月的《宇宙风》，1939 年由上海人间书屋出版单行本，1943 年后被译为日文、英文、法文、德文、瑞典文、捷克文。

1937 年 8 月 13 日，老舍再次应齐鲁大学之聘来到济南，拟执教国文系的两门课。对老舍第二次到齐大后的情形，老舍夫人胡絜青曾做过如下的描述：1937 年 8 月中旬，二女舒雨出生才十几天，我们举家由青岛迁回济南。老舍应聘重回齐鲁大学任教。这是"卢沟桥事变"一个多月以后的事情。整个济南城里，谣言四起，人心惶惶。齐大虽说开了学，可是很难正正经经地上课了。学生们一个接一个地来和老舍辞行，有的南下流亡，有的退学回家；学院预备南迁，教员们也日少一日，纷纷携家带眷去投奔乡下的亲朋。偌大的一座校园里，花木仍旧，却失去了往日的歌声笑语，空空荡荡，笼罩在一片国难当头的阴云下。

在人们逃亡奔波期间，老舍一方面给各家报刊写些短文，宣传抗战；另一方面阅读各种传记及小说，并摘录一些名人佳句来鞭策自己。同时，他还以极大的爱国热情参加了中共山东省和济南市地下组织发起和领导的一系列抗日救亡运动，比如 1937 年老舍的好友沈旭等在济南地下市委的领导下筹备成立"山东文化界抗敌后援会"时，老舍曾参加了在大明湖附近的山东教育馆举行的第一次筹备会议，并在这次会上发了言，强调要团结，并且要真正的团结。对此，老舍的另一位好友方殷在《痛怀老舍》一文中也回忆道："'山东省文化界抗敌协会筹备会'第一次开会时，老舍是第一个到场的。他谦虚地坐在会场的一个不显眼的角落里，在签到簿上签的名字是蝇头大的小字，字工整极了，不像一些'大人物'那样张牙舞爪地大笔一挥，恨不得把自己的大名占满一张纸。"

老舍二次执教齐鲁大学的时间很短。1937年11月15日傍晚，国民党军队炸毁了济南泺口的黄河铁桥，老舍终于下定了决心，告别齐鲁大学，向当时抗战的中心——武汉奔去了。

讲坛上，老舍是从容的，讲起课来或严丝合缝，或妙语连珠，充满了生动活泼的气氛。幽默是他的风格，但并不滥用，恰当地区分了作家和教授在气质上的异同。对老舍在齐鲁大学讲课时的情形，当年在齐鲁大学学习的老舍的学生张昆河曾有过这样的回忆：老舍先生讲课，是坐着的。后来知道，他有腿病。但讲着讲着，兴致上来，便也站起来。讲得逸兴遄飞时，常有妙语脱出，冷不丁袭来，引得哄堂大笑，但先生自己可不笑，始终板着脸，一本正经。先生讲课并不看讲义，也很少有手势，而能挥洒自如、纵横跌宕。虽然是浓重的北京口音，但经过了淘洗和净化，没有那种京片子的贫、虚、俗，没有哗众取宠的江湖气。老舍在讲课中所举的例子多是外国的，课却轻松动听，并不涩奥，颇有熔古今中外于一炉的味道。

三 宗师荟萃 文中 73

对学生的作业和作品，老舍先生都会特别认真地批阅，从结构、段落到标点符号，绝不敷衍，而见微知著，往往要提一些建设性的修改意见。学生们拿到他那温雅的小楷眉批，得到一些与思维和主题有关的指导，怎能不喜悦？

4 中国研究莎士比亚的权威学者——梁实秋

梁实秋（1903~1987），祖籍浙江余杭，号均默，原名梁治华，字实秋。中国当代学贯中西、博古通今的文学大家，著名学者。20世纪中国文坛最具影响力的散文家，中国现代文学史上享誉盛名的文学评论家，他还是杰出诗人、著名文学翻译家，国内第一个系统的全面研究和翻译莎士比亚的权威学者。

国立山东大学校长杨振声在上海碰见闻一多、梁实秋二人，杨振声求贤若渴，视闻、梁为宝，遂坚邀他们到青岛任教。杨振声介绍说：讲风景环境，青岛是全国第一、二位不妨前去游览一次，如果中意，就留在那里执教，如不满意绝不勉强。这种先尝后买的方法颇具诱惑力。于是，在1930年夏天，梁实秋携眷与闻一多欣然抵达青岛进行考察。在青岛的"半日游览"里，他们沿街所见，绿树成荫，掩映着红瓦楼房，而且三面临海，气派壮

梁实秋

观，令人心旷神怡，梁写下了"天气冬暖夏凉，风光旖旎，而人情尤为淳厚"。一席饮宴后他就立即接受了青岛大学的聘书，梁实秋被任命为外国文学系主任兼图书馆馆长，成为人才济济、盛极一时的山东大学中又一枝奇葩。

暑假过后，梁实秋如期来到山东大学。他在青岛生活有情有趣，舒适惬意，尽情享受着海滨生活的慷慨赠予，与此同时，山大刻苦扎实的学风也令其振奋精神，全心全意投入到事业之中。起初梁实秋主要着手于古书的研究，一方面是为化解当代社会"蔑视经书或是提倡复古"的极端风气，提倡用辩证批判的态度对待古书；另一方面也为自己在山东大学执教做足文学准备。短短几年，梁实秋逐字逐句地研读完《十三经注疏》《资治通鉴》《二十一史》和《杜诗全集》。梁实秋还特别着迷于杜诗，用两年多的时间苦心搜集到 60 多种杜诗版本，杜诗几乎都被他"圈点了一遍"，而为杜甫撰写的仇注、钱注、千家注等，他不仅耳熟能详，且能洞烛其利弊。饱览古书使他的文学功底愈加深厚。

梁实秋的工作十分忙碌，他在外文系开设了"英语""欧洲文学史""莎士比亚""文艺批判"等课程，还担任了其他系的公共英语课。他来山大时只有 28 岁，但讲起课来轻车熟路，思维敏捷，语言精练生动，授课时间观念极强，总是踏着铃声进入教室，进屋便讲，不疾不徐，绝无赘余，一课讲毕、话音刚落而下课铃声正好响起。他常对学生和同事说："上课时一分钟也不能浪费，课间是学生活动和休息的时间，一分钟也不容侵犯，故而上下课必须准时。"仅凭这点，他就赢得了全校师生的赞扬。年轻有为的他相貌堂堂、温和有礼、衣着淡雅不俗，虽是留洋出身，却不喜洋服，总是长衫棉袍，颇具谦谦君子之风，再加上他的智慧与谐趣，往往让课堂气氛非常轻松，深受学生欢迎，这也令他的众多学生至今还能记忆起他所教授的课程。他也曾回忆说："我所讲课只要听之者不是根本不听，总能得其梗概，稍加钻研，必可臻于深刻。"虽然他极为爱护学生，遇到寒暑日总会特别关照提醒同学们，但对待成绩分数又十分严格，他常说"轻画分数，才是教师的失职"，也正因这种恪尽职守的执教风格，才让他的学生在认真求知的浓烈气氛中不断拓宽知识，受益匪浅。1934 年，当山东大学的学生们听说胡适信邀梁实秋去北京大学任教，便联名上书挽留梁实秋，并致函北大校长："敝系经梁实秋先生主持开办，同学夙受陶冶，爱戴正殷，群情迫遑。北平素为文化区域，人才较多，至希见谅，另行延聘，以慰渴望。"由此可见学生们对他的敬重和信任。

梁实秋负责的图书馆工作也是千头万绪，要准备每周一期的《图书馆专刊》，作为图书馆专业周刊，不仅在大学罕见，在社会上也是不多见的。他有时还特地到上海为图书馆选购图书，由于馆内收藏莎翁著作最多，中外文各种版本甚至珍藏本都囊括其中，山东大学图书馆也因此而名扬全国。与此同时，他依然奋力写作，不间断地撰写小品、散文，并准备开展《莎士比亚全集》翻译。

古有李白、杜甫等八位盛世酒徒，1000 多年后在山东大学又出现了新一代的"酒中八仙"。四年的执教，让梁实秋结交了众多好友，与杨振声、闻一多等七名"酒徒"，加上诗人方令孺，八人共同组成了"新八仙"，他们秉性豪爽，"三十斤花雕一坛，一夕而罄"，他们又文笔卓绝地写下"酒压胶济一带，拳打南北二京"的好句。

1934年夏，梁实秋一家迁往北平，从此，他结束了在山大四年风流倜傥的名士生活。美丽的山大校园、淳厚的山大校风和性情豪爽的山东人，都给他留下了深刻记忆。他认为这四年是他一生中家庭最幸福的时期，还认为中国从北疆到南粤以青岛为最好。漫漫岁月里他念念不忘这段时光，这种情怀也深深感染着他们一家人，其女梁文蔷于1999年特地回青岛寻访，当她看到刻着"梁实秋故居"的石碑，不禁潜然泪下。

5 红烛之光——闻一多

闻一多（1899～1946），原名闻家骅，又名亦多，字友三，亦字友山，湖北浠水人；著名学者，新月派代表诗人，中国现代伟大的爱国民主战士，中国民主同盟早期领导人。

闻一多是1930年来到国立青岛大学的，那年闻一多由于学术上的新旧矛盾刚从武汉大学辞职。这年夏天，他到上海寻找新的工作，在那里碰到了正为国立青岛大学聘请教员的杨振声。

杨振声一见到闻一多，马上发出邀请，同时邀请的，还有梁实秋。闻一多不是山东人，不像杨振声对山东有那么深的情结，因此对到国立青岛大学任教起先有些犹豫。杨振声很会做工作，力言青岛胜地，景物宜人，劝闻一多不妨前去看看。当时正是暑假，梁实秋打算回北京省亲，于是两人相约去青岛一看究竟。在青岛的情形，梁实秋在《谈闻一多》中有许多记述。他们先是到一家店里，各买了一件宽袍大袖的和服，然后雇了两部马车观

闻一多

光海滨公园、汇泉浴场、炮台湾、湛山、第一公园、总督府等处。在青岛，他们印象最深的是当地的民风。给他们拉车的两个车夫都是山东大汉，对人彬彬有礼，路过山上居民接水的橡皮管时，尽管周围无人，也要把车停下来，把水管高高举起，让马车赶过去后再把水管放下来，以免马车轧着水管，一路上折腾三次，也不以为烦。所以，除了杨振声的热情邀请和青岛的风光外，山东人的质朴、诚实，让他们认定青岛是天时、地利、人和都具备的地方。于是，当杨振声设宴款待他们时，二人便一言而决，在席上畅快地答应接受青岛大学的聘书。在这期间，闻一多不仅取得了许多学术研究上的突破，而且招收了臧克家这位后来成为著名诗人的学生。

国立青岛大学是 1930 年 9 月 21 日正式成立并开学的，杨

振声宣誓就任校长后，宣布聘用名单，闻一多被聘为文学院院长。文学院下设中文、外文、教育三个系，中文系主任由闻一多兼任。闻一多到国立青岛大学，正是学校初创阶段。那年，国立青岛大学在北平、济南、青岛三处招收一年级新生，闻一多一进校，第一项工作就是参加招生阅卷。很多人都知道，闻一多与臧克家之间最有名的故事，是臧克家报考国立青岛大学时数学虽然得了零分，但一首颇具人生感悟的短诗，打动了闻一多的心，破格把他录取了。同时，闻一多还引进了不少人才，如方令孺、游国恩、丁山、姜叔明、张煦、谭戎甫等。

在国立青岛大学，闻一多第一年开设的课程有"中国文学史""唐诗""名著选读"三门。这些课程虽然是闻一多所熟悉的，但为了讲好这些课程必须进行更加深入的研究，这对闻一多的治学起到了促进作用。

在国立青岛大学，闻一多的唐诗研究有了很大进步。梁实秋在《谈闻一多》中说："一多在武汉时即已对杜诗下了一番工夫，到青岛以后便开始扩大研究的计划，他说要理解杜诗需要理解整个的唐诗，要理解唐诗需先了然于唐代诗人的生平，于是他开始草写唐代诗人列传，积稿不少，但未完成。他的主旨是想借对于作者群之生活状态去揣摩作品的涵义。"根据梁实秋的这一回忆，说明闻一多的唐代诗人列传始草于国立青岛大学，其成果可能就是手稿中的《全唐诗人小传》。该稿共9册，60余万字，收集了唐代406位诗人的材料，其中部分编成传记，其余多为分门别类摘录的原始资料。

在闻一多的唐诗研究手稿中，还有《全唐诗校勘记》《全唐诗补编》《全唐诗人小传订补》《全唐诗人生卒年考》《唐人遗书目录标注》《唐人九种名著叙论》《唐文别裁集》《唐诗要略》《唐诗校读举例》《全唐诗辨证》《唐风楼捃录》等。仅从这些篇名来看，就足以说明他的勤奋和深入。以上工作，当然不是全部在青岛进行的，但许多是在青岛时期便开了头。臧克家在《我的先生闻一多》中回忆道："这时候，他正在致力于唐诗，长方大本子一个又一个，每一个上，写得密密行行，看了叫人吃惊。关于杜甫的一大本，连他的朋友也持笔画列成了目录，题名《杜甫交游录》。"

其次是《诗经》研究。闻一多的《诗经》研究是在武汉大学开始的，但他学术成果的基础，则是在国立青岛大学奠定的。他的《诗经》研究很有创新之处，他特别注意运用西方文化人类学的方法，窥视中国文化源头时代人的心态变化，许多观点与传统的注经结论截然不同，后来得到郭沫若的高度评价。

1932 年，南京国民政府和山东地方势力的争权夺利斗争延伸到国立青岛大学内部，派系纷争，风潮迭起，闻一多受到不少攻击与诽谤，被迫辞职。

山东大学为了纪念闻一多，在 1950 年将校内的闻一多故居命名为"一多楼"。1978 年，将一多楼辟为"闻一多故居展室"，并在楼前建造花坛，正中竖立闻一多半身大理石雕像，座上刻着他的学生、著名诗人臧克家撰写的碑文。1985 年，青岛市政府将闻一多故居列为市级文物保护单位。闻一多故居位于现在中国海洋大学东北角。

6 乡土文学之父——沈从文

沈从文

沈从文（1902~1988），原名沈岳焕，字崇文，湖南凤凰人，现代著名作家、历史文物学家、京派小说代表人物。作品主要以湘西生活为题材，形成独特的创作风格，被誉为"乡土文学之父"。

1930 年，沈从文就曾打算应国立青岛大学校长杨振声之邀，前往青岛任教，但因战争原因未能成行，于是去了武汉大学。1931 年 8 月，沈从文才到青岛大学国文系任教，开设的课程有中国小说史和高级作文课程。他在青岛时，住在福山路 3 号的小楼上的教职员宿舍楼。该楼坐落于八关山的东麓，拾步可到学校，距中山公园（当时为青岛第一公园）、汇泉湾和海滨浴场，也不过一箭之地。他给自己的居室取名为"新窄而霉斋"，以区别北京之"窄而霉斋"。

这时的沈从文，对于大学的课堂，已不像在上海中国公学第一次讲课时那样生疏。他已有在上海、武汉讲学的经验，讲起课来有条有理，游刃有余，内容充实，方式灵活，语言生动，很受学生的欢迎。课下有不少学生向他请教写作问题，还有些学生拿着习作，请他具体指导。他对学生非常热情，总是有问必答，设法帮助同学解决实际困难。臧克家曾是他的学生，其第一本诗集《烙印》出版时，曾得到沈从文的资助。

在山东大学两年多的时间里，他除教课以外，还在报刊上发表了几十篇作品，如《论徐志摩的诗》《油坊》《慷慨的王子》《早上——一堆土一个兵》《丁玲女士被捕》《丁玲女士失踪》《女人》《来客》等；出版了多个作品集，如《虎雏》《记胡也频》《泥涂》《都市一妇人》《月下小景》《凤子》《一鳞集》等；完成了许多作品，如《从文自传》《爱欲》《三个女性》等。其代表作《边城》《长河》等，也是在青岛教学时期构思的。他在以后回忆这段创作生活时写道："可能是气候的关系。在青岛时觉得身体特别好，每天只睡三四个小时，写作情绪特别旺盛。我的一些重要作品就是在青岛写成或在青岛构思的。"在青岛，他的文学创作进入成熟时期。

7 中国电影先驱——洪深

洪深（1894~1955），学名洪达，号伯骏，字潜斋，别号浅哉，江苏武进人，电影戏剧理论家、剧作家、教育家、社会活动家、导演，中国电影的开拓者。1912 年，洪深考入清华学校；1913 年，移居青岛；1915 年，创作剧本《卖梨人》；

洪深

1916 年，到美国入俄亥俄州立大学习陶瓷工程；1919 年，入哈佛大学戏剧训练班，他是中国第一个专习戏剧的留学生；1922 年，回国就职于南洋兄弟烟草公司，创作了中国第一部电影剧本《申屠氏》；1923 年，上演第一部剧作《赵阎王》，自饰主角；1928 年，任中华电影学校校长、明星电影公司编导主任；1930 年，加入中国左翼作家联盟，任总书记。

1934 年洪深回到青岛，任国立山东大学外文系主任。他教课之余仍从事戏剧研究和电影创作活动，参加了青岛著名的京剧票社——和声社。他还带领校内外的一些师生，导演和主持演出了著名话剧《寄生草》。这一时期，洪深在电影剧本创作上也达到了高峰。

在青岛期间，他创作了中国第一部正规的电影文学剧本《劫后桃花》。该剧的上映在中国影坛上引起很大反响，被誉为城历史的"照妖镜"，从一个角度反映了帝国主义者侵略中国的历史，揭露了清朝遗老等这群为帝国主义侵略中国效劳的汉奸的无耻嘴脸，对宣传抗日起了很大作用。《劫后桃花》等优秀电影剧本，为中国电影艺术开创了文学剧本的样式。胡蝶在回忆录上说："洪深是美国留学生，中外文学造诣都很深，他丰富的生活阅历熟练的创作技巧，使这部电影里的人物刻画入木三分。"《劫后桃花》也成为中国电影史上最优秀的作品之一，在中国电影发展史上占有重要的地位。

1935年，洪深会同王统照、老舍等创办《避暑录话》。抗战爆发后，洪深任上海救亡演剧二队队长；1938年任国民政府军委会政治部戏剧科科长；1943年，到重庆任中央青年剧社编导。1946年后，他历任复旦大学、厦门大学、北京师范大学教授、外语系主任；1953年，当选中国文联主席团委员、中国剧协副主席；1954年，任中华人民共和国对外文化联络局局长，兼中国对外文化协会副会长；著有《洪深文集》《洪深选集》等。

洪深一生创作了38部电影剧本，其中有26部剧本被电影公司摄制成影片，导演过9部电影，还撰写了大量电影理论著作，如《现代戏剧导论》《洪深戏剧论文集》《编剧二十八问》《电影戏剧表演术》《电影术语词典》《电影戏剧的编剧方法》等，为中国现代电影艺术事业做出了重大贡献。

洪深是我国电影事业的先驱、杰出的电影艺术家。他一生紧跟时代发展潮流，追求真理，追求人类的自由和幸福，试图改造社会和人生。在艺术上，勇于改革，敢于创新，力求创造能够影响人类行为的作品。他的艺术实践推动了中国戏剧、电影事业的发展。他的精神鼓舞一代又一代的电影人，为中国电影事业而奋斗。

8 两弹元勋——王淦昌

王淦昌

王淦昌（1907～1998），江苏常熟人，中国实验原子核物理、宇宙射线及基本粒子物理研究的主要奠基人和开拓者，是享誉世界的中国杰出物理学家、中国科学院资深院士、"两弹一星功勋奖章"获得者、首届何梁何利基金优秀奖获得者。

1934 年 7 月至 1936 年 10 月，王淦昌在山东大学物理系任教授。尽管在山东大学只有两年多的执教生活，但山大给他留下深刻的记忆，他与山大结下了深厚的感情。王淦昌执教山东大学时，正是山大历史的第一个黄金时期。当时山东大学地处青岛，先后由杨振声、赵太侔两位著名学者担任校长。他们非常注意延聘专家学者来校任职任教，加上青岛环境优美，气候宜人，一时山东大学人才济济，学术气氛浓厚。王淦昌在山东大学物理系任教授时才 27 岁，是位年轻的知名教授，又因为他长得一副娃娃脸，有些老教授都戏称他为"娃娃教授"。

王淦昌讲授近代物理学，近代物理实验设备除大部分从德国订购外,不少部件如光电管、计数器都是由王淦昌带领技术员、助教、高年级学生一起动手制造。在王淦昌先生的亲自带领和努力下,两年左右的时间里,学校就建立并充实了近代物理实验室。在教学当中,王淦昌结合实际,注重借鉴他的德国老师的经验,强调训练学生从事实验物理学研究的本领,教导学生掌握实验的技巧,把对物理理论的理解建立在实验事实上。曾任中国科学院电子学研究所所长的顾德欢,是当时山东大学物理系的学生,他回忆当年的情况时说:"王先生刚从德国留学回来,是学校中最年轻的教授。我们学生都喜欢听王先生的课,觉得王先生对教课的内容、对当代物理学的理论是真正掌握了的,而且对物理学上哪些问题已经解决,哪些问题还未完全解决,他也能向学生讲清楚,引导学生去思索……在山东大学能碰上王淦昌先生这样一位好教授,是很愉快的。"由于王淦昌讲课内容丰富,深受学生喜爱,因而除本系学生外,还吸引了大批外系学生找他请教问题。

几十年过去了,王淦昌对山东大学的感情与日俱增。1981年9月,74岁的王淦昌来济南参加一个全国性的会议,住在南郊宾馆。会议一结束,他就赶到山大,住在山大简陋的招待所里。他不顾开会后的疲劳和腿上的伤痛,要求"在山大走走"。在王祖农副校长等人的陪同下,视察了山大晶体所、微生物实验室、物理系和校园,仔细观看了山大的实验设备,尤其对离子束研究所研制的离子注入机和微生物所自制的仪器特感兴趣。当陪同人员劝告他休息时,他不愿停下来。看到山东大学的进步与发展,王淦昌格外高兴。回到寓所,他接受了山东大学报记者的采访并和陪同他参观的人合影留念。当山东大学报记者问他对山大和山大的师生还有什么要求时，王淦昌主动索要了笔墨纸张，题写了"教学相长，科教并重，发挥特长，精益求精，列于世界先进大学前列，并为祖国和四个现代化作出应有的贡献"，他笑着说："这就是我要说的。"

9　《共产党宣言》的译者——华岗、成仿吾

华岗与《共产党宣言》

华岗（1903～1972），浙江龙游人，又名华少峰、华西园，曾化名潘鸿文、刘少陵、华仲修、林少侯、林石父，笔名石修、晓风、方衡等；著名的革命活动家、理论家、马克思主义学者。

华岗

1920年，华岗进入衢州浙江省第八师范学习，1924年改名少峰转入宁波浙江省第四中学。同年，他加入中国社会主义青年团，9月任青年团宁波地委宣传部长，参与编辑进步刊物《火曜》。1925年6月，华岗任青年团南京地委书记；同年8月加入中国共产党，中断学业，从事职业革命活动；历任青年团上海沪西区委书

记、浙江省委书记、江苏省委书记、顺直省委书记。1928 年 5
月，华岗出席于莫斯科举办的中国共产党第六次全国代表大会
和中国共产主义青年团第五次代表大会，同时参加共产国际第
六次代表大会和"少共国际"第五次代表大会。回国后他任
青年团中央宣传部长、团中央机关刊物《列宁青年》主编、
中共湖北省委宣传部长、党中央华北巡视员；1932 年 9 月，
任中共满洲特委书记，化名刘少陵，于赴任途中被捕，判刑 5
年；1937 年 10 月，经组织营救出狱，任中共湖北省委宣传部
长，筹办武汉《新华日报》，任总编辑兼《群众》周刊编辑。

1943 年初，华岗任中共中央南方局宣传部长，派赴云南
做统战工作，化名林少侯，应聘云南大学社会学教授，参加组
织西南文化研究会，团结李公朴、闻一多、费孝通、吴晗等著
名人士开展爱国民主运动；1945 年 8 月，任国共谈判中央代
表团顾问；1946 年 5 月，任中共上海工作委员会书记。1949
年 8 月，华岗奉命从香港乘船北上，计划途经上海，再赴北
平，因病滞留青岛。从 1950 年 1 月起，华岗以教授身份为山
东大学讲授"社会发展史"，还定期为山大师生做关于"学习
共同纲领"的报告。1950 年 11 月，华东大学与山东大学准备
合并。1951 年 2 月，中央任命华岗为合并后的山东大学校长
兼党委书记。1954 年，华岗当选第一届全国人民代表大会代
表；1955 年 8 月，以"胡风反革命集团分子"和"向明反党
集团成员"的罪名被逮捕。在狱中撰写了《美学论要》和
《规律论》。1972 年 5 月 17 日，华岗在济南医院去世。1980 年
3 月 28 日，在华岗离世 8 年后，经中共中央批准，为他彻底

平反，恢复名誉。

1928 年，华岗开完中共六大回国后，接受了一项新的任务：按照恩格斯校阅的 1888 年英译本，重新翻译《共产党宣言》。中国第一本完整的《共产党宣言》（以下简称《宣言》）中文译本出版于 1920 年 8 月，译者是陈望道。华岗最早接触的《共产党宣言》便是由陈望道翻译的，这本书在他的革命生涯中，起过非常重要的作用。华岗作为大革命的直接参加者，深知研究并准确地翻译《宣言》对中国革命是多么重要，于是，在紧张的工作之余，他加紧进行《宣言》的翻译工作。

当时，华岗还领导着团中央的宣传组织工作，并主持《列宁青年》的出版，工作十分繁忙，故只能利用业余时间进行翻译。再加上环境险恶、居无定所，因此，翻译工作是在极其困难的条件下开始的。他经常废寝忘食，以饱满的革命热情和顽强的毅力，夜以继日地工作，一面学习研究《宣言》，一面加紧翻译。他对照原文，逐字逐句进行研究和推敲，反复斟酌与比较，力求做出更准确的诠释。

1930 年，华岗顺利完成了《宣言》的翻译工作，由上海华兴书局秘密出版，署名"华岗译"，时年 27 岁。从 1920 年陈望道译本问世，到 1930 年华岗译本出版，其间相隔 10 年，这 10 年中，中国革命经历了巨大的变化，华岗从一名青年学生逐步成长为职业革命者，对《宣言》的理解也在不断提升。

该书初版采取了伪装本形式，书名删去"共产党"三个字，只保留"宣言"二字。出版社署名为"上海中外社会科学研究社"，封面全部采用中文。

在内容上，该书首次将马克思、恩格斯不同时期的三个德文版序言同时译出。这些序言对《宣言》原文有重要补充作用，可以使读者了解更加系统和完整的内容，还采用了英汉对照形式，在译文后面附有《宣言》的英译文，这是由恩格斯亲自校阅的。读者对照阅读，可以使《宣言》的思想得到更为准确的传播。此书很快就重版两次，到1932年，已有了第三版。

华岗所译《共产党宣言》开创了六个第一：是中国共产党成立之后，出版的第一个《共产党宣言》中文全译本；是中国共产党成立之后，第一次由共产党员翻译的《共产党宣言》；是中国第一次根据英文版翻译出版的《共产党宣言》，采用的是由恩格斯亲自校阅的1888年英文版本；该书附加的三个德文版序言，第一次与中国读者见面；第一次采用英汉对照形式出版的《共产党宣言》；第一次将全文的结尾句译成"全世界无产者，联合起来"这一响亮的口号。

成仿吾与《共产党宣言》

成仿吾（1897～1984），原名成灏，曾用石厚生，湖南省新化人。中国无产阶级革命家，忠诚的共产主义战士，新文化运动的重要代表，党内著名的教育家和社会科学家、文学家、翻译家。1958年8月至1966年8月，成仿吾任山东大学校长兼党委书记。

1910年，13岁的成仿吾便赴日本留学，在日本读了中学、高等学校预科，1917年考入东京帝国大学造兵科，攻读枪炮专业。虽然他大学学的是工科，但因喜好文学，与郭沫若、郁

成仿吾

达夫结成好友，一起建立了著名的革命文学团体"创造社"。1921年4月，他与郭沫若在上海筹备出版文学刊物，先后编辑出版《创造季刊》《创造周刊》《创造日》《洪水》《创造月刊》《文学批判》等10多种文学刊物。1922～1927年，成仿吾先后辗转于当时革命的中心广州、湖南等地，先在广东大学（后改名中山大学）任教授，兼管"创造社"的工作，并任黄埔军校教官。1928年，成仿吾远赴欧洲，在法国巴黎加入中国共产党，从事革命活动，主编中共柏林、巴黎支部的机关刊物《赤光》；1931年回国后，任中共鄂豫皖省委常委、宣传部长及省苏维埃文化委员会主席、教育委员会主任，后又兼红安中心县委书记；1934年10月参加著名的两万五千里长征，是长征路上的唯一一个教授，途中任干部团政治教员；1935年10月到陕北后，任中央党校教务主任、教师及红军大学（后改为抗日军政大学）教师。1937年7月底，党中央委托成仿吾与林伯渠、吴玉章、董必武、徐特立等负责筹备成立陕北公学，成仿吾担任校长。1939年，陕北公学与鲁迅艺术学院等学校合并成立华北联合大学，成仿吾继续担任校长。1948年8月，华北联合大学与北方大学合并组建华北大学，成仿吾担任副校长。1949 年 12 月，在华北大学的基础上建立中国人民大学，成仿吾任中国人民大学副校长，协助吴玉章校长主持工作。1952 年 10 月，成仿吾任东北师范大学校长兼党委书记；1958 年 8 月任山东大学校长兼党委书记。1974 年，中央调成仿吾去中央党校工作。1978 年春，成仿吾受命主持恢复中国人民大学的工作，任党委书记、校长。

成仿吾知识广博，精通德、英、日、法、俄 5 种语言，长期致力于宣传和捍卫马克思列宁主义和毛泽东思想。他曾 3 次翻译德文版《共产党宣言》。1929 年初，中国革命正处在低潮时期，为了使马克思主义在中国更广泛地传播和提高中国共产党的马列主义理论水平，积聚革命力量，迎接中国革命高潮的再次到来，在莫斯科的蔡和森给在柏林的成仿吾写信，让他把《共产党宣言》译成中文。译文由一位将去莫斯科的德国共产党党员带给蔡和森。后因蔡和森的回国、牺牲，译稿"随之石沉大海"。1938 年，成仿吾和徐冰在延安偶然拾到一本德文版《共产党宣言》。为了革命的需要，为了完成蔡和森的遗愿，他和徐冰合译了《共产党宣言》，由延安解放社出版发行。出版后，他发现有人根据俄文做了大量的修改，很不满意，但已无法补救。"文化大革命"中，成仿吾受到冲击，被停止了正常的工作，他在十分困难的情况下撰写《长征回忆录》。作为一名老共产党员，他看到新中国成立以后编译出版的马克思、恩格斯、列宁、斯大林经典著作都是从俄文版转译为中文的，其中不乏不够准确，甚至谬误之处，中文版中的某些观点和史实偏离了作者的原文原义。他立志在有生之年，把马克思、恩格斯的几部最重

要的经典著作由德文直接译成中文。经毛泽东批示，1974 年中
央党校成立了"成仿吾小组"，专门从事马恩著作的校译工作。
晚年，他重新翻译了《共产党宣言》，校译了《哥达纲领批判》
《社会主义从空想到科学的发展》《反杜林论》《德国古典哲学
与费尔巴哈的终结》等经典著作，为准确地宣传马克思主义做
出了贡献。

10 克隆之父——童第周

童第周（1902～1979），浙江鄞县人，著名生物学家、教
育家；1927 年毕业于复旦大学哲学系，后到中央大学生物系
任教；1930 年到比利时留学，1934 年获博士学位，回国任山

童第周

东大学生物系教授；1938 年，
先后担任中央大学医学院教
授，同济大学、复旦大学生物
系教授；1946 年，重返山东大
学任动物系主任；1948 年当选
中央研究院院士，1951 年，任
山东大学副校长；1955 年，当
选中国科学院学部委员，历任
中国科学院生物地学部副主
任、海洋生物所所长、动物研
究所所长、中科院副院长；曾
任全国人大常委、全国政协副

主席。他一生致力于实验胚胎学、细胞生物学和发育生物学等研究，是中国实验胚胎学研究的创始人之一、生物学研究的杰出领导者。

1951 年童第周任山东大学副校长。这个时期，承担着繁重的行政和科研任务的童第周，仍坚持给学生上课，他特别注重学生实验能力的培养。他教育学生做科学研究要实事求是，老老实实，来不得半点马虎。他曾告诫学生不能好高骛远、眼高手低，工作一定要一步一个脚印，踏踏实实，有些实验要多次重复，科学的结论能经得起历史的检验，研究的质量才能逐步提高，千万不能弄虚作假。童第周教授始终坚持严谨的科学精神和治学态度，为国家培养了一大批国内外知名的优秀学者专家。他的学生遍布世界各地，他们走在学科的前沿，传承着先生的事业。

1950 年，经童第周提议，中国科学院在青岛设立海洋生物研究室，这一年，他 48 岁。1934 年他从比利时回国已经整整 16 年了。最好的年华都在动荡不安的时代里过去，年近半百，童第周终于有了一间安宁的实验室。那时海洋生物研究室在青岛市莱阳路 28 号，大楼里那间 10 平方米的办公室兼实验室是童第周最喜欢待的地方。他在 20 世纪 30 年代至 60 年代，利用青岛文昌鱼、海鞘和鱼类为材料，进行了一系列的实验胚胎学研究。他系统地研究了在生物进化中具有重要地位的脊索动物文昌鱼卵子发育的规律，精确地绘制了器官预定形成物质的分布图，证明了文昌鱼分裂球具有一定的调整能力等，为进一步确定文昌鱼在分类学上的地位提供了重要证据。这些研究成果至今是科学文献中的精品，在国内外学术界产生了深远的影响，开创了中国"克隆"技术之先河，童第周成为中国当之无愧的"克隆之父"。

童第周一生致力于实验胚胎学、细胞生物学和发育生物学的研究。1930～1934年，童第周在比利时的比京大学布拉舍实验室，在对棕蛙卵子受精面与对称面的关系的研究中，证明了对称面不完全决定于受精面，而决定于卵子内部的两侧对称结构状态。在对海鞘早期发育的研究中，证明了在受精卵子中已经存在着器官形成物质，而且有了一定的分布，精子的进入对此没有决定性的影响。同时，他观察到内胚层和外胚层似乎有相当的等能性，而且吸附乳头和感觉细胞的形成依赖于外来因素，说明了卵质对个体发育的重要性。这项研究成果是具有开创性的，使他成为中国实验胚胎学的创始人之一。

文昌鱼在生物进化中占有重要地位，是脊椎动物的祖先。童第周领导的研究小组首先在青岛解决了文昌鱼的饲养、产卵和人工授精的技术，为系统研究文昌鱼的胚胎发育奠定了基础，并利用显微技术对文昌鱼胚胎发育机理进行了一系列的研究，对文昌鱼卵的发育能力提出了很重要的修正意见，在国际上受到重视。童第周等所证明的这些文昌鱼卵早期发育特点，进一步论证了文昌鱼在进化上的地位是介乎无脊椎动物和脊椎动物之间的过渡类型。这方面工作也支持了他后期关于核质关系研究的论据。他在两栖类（蟾蜍和黑斑蛙）胚胎发育的研究中，明确指出了胚胎发育的极性现象，从而证明这种感应能力是由一种未知的化学物质，通过细胞间的渗透作用，诱导和决定胚胎纤毛的运动方向。

童第周对鱼类的胚胎发育能力和细胞遗传的研究也做出了卓越的贡献。他在 20 世纪 40 年代开始的实验结果中就证明了在金鱼的卵子中，赤道线以下植物性半球的一边，卵子含有一种有关个体形成的物质，它在发育的早期由植物极性逐步流向动物极性，是形成完整胚胎不可缺少的物质基础。

在研究细胞核与细胞质的关系时，他发现不仅仅是细胞核决定细胞质发育方向，而且细胞质也决定细胞核的命运，核与质之间不是彼此完全孤立，而是有非常密切的关系，在构造上它们可以互相沟通，在功能上它们可以互相诱发和抑制。这便是核质关系理论。

1973 年 5 月，童第周将从鲫鱼卵巢成熟卵细胞质中提取的核糖核酸，注射到金鱼的受精卵中。结果，发育成长的 320 条幼鱼中，有 106 条由双尾变成单尾，表现出鲫鱼的尾鳍性状。1975 年 5 月，童第周和牛满江将从鲤鱼卵巢成熟卵细胞质中提取的核糖核酸，注入金鱼的受精卵中。结果，有 22.3% 的金鱼由双尾变成单尾，出现了鲤鱼的性状。1976 年 5 月，童第周和牛满江又以蝾螈（两栖动物）和金鱼这两种不同纲的动物进行实验。他们把蝾螈细胞质的核糖核酸注射到金鱼的受精卵中，结果发现 382 条小鱼中，竟有四条像小蝾螈一样长出了平衡器。这种具有特异性状的鱼，被人们赞誉为"童鱼"。

童鱼的诞生，有力地证明了生物遗传性状是细胞核和细胞质相互作用的结果，并开创了人类按照需要而进行人工培养新物种的先例，对今后培育动植物新品种具有重大的意义。

11 天才物理学家——束星北

束星北

束星北（1907～1983），江苏南通人，著名理论物理学家，"中国雷达之父"；中国海洋学会常务副理事长、国家海洋局第一海洋研究学术委员会顾问；毕生致力于中国教育事业与科学研究，有深厚的数学物理基础，讲课富有思想性和启发性，培养了一批优秀的物理人才。他是中国早期从事量子力学和相对论研究的物理学家之一，后转向气象科学研究。晚年，他为开创中国海洋物理研究做出了贡献。他是一位被业内人士称为"中国的爱因斯坦"的国际级科学大师；是一位曾经培养启蒙过李政道、吴健雄等著名科学家的天才物理学家。

束星北于1919年考入泰州明德中学；1924年，以优异成绩考入杭州之江大学，翌年转入济南齐鲁大学；1926年4月自费赴美留学，入堪萨斯州拜克大学物理系三年级；1927年2月转到美国加州大学学习。1927年7月，在爱因斯坦任所长的柏林大学威廉大帝物理研究所做研究助手；1929年10月，入英国爱丁堡大学深造，师从理论物理学家 E. T. 惠特克（Whittaker）和 C. G. 达尔文（Darwiner），1930 年 1 月，束星北获硕士学位。随后他又到剑桥大学读研究生，1930 年 9 月返美进麻省理工学院，师从 D. J. 思特罗克教授（Struik），任研究助教，并继续研究生学习。1931 年 5 月再获理学硕士学位。

1931 年 9 月回国探亲。时值九一八事变，国难当头，他投笔从戎，于 1932 年 1 月受聘于南京中央军官学校，任物理教官。因触犯蒋介石于 1932 年 7 月离开南京中央军官学校。1932 年 9 月，束星北受聘于浙江大学物理系任副教授；1935 年 7 月物理系全体师生因反对校长独断专行，离校。束星北到上海任暨南大学教授兼数学系主任，并兼交通大学物理系教授。1936 年 4 月，竺可桢出任浙江大学校长后，聘请原物理系全体教师、技工回校。束星北也于 1936 年 8 月回浙江大学，翌年升为教授。抗战期间，他随校到贵州遵义、湄潭，其间曾被借聘到重庆军令部技术室任技术顾问一年。1945 年，他研究成功了中国第一部雷达，为抗击日寇的侵略做出了重要贡献。1946 年，他随浙江大学回杭州，此后曾兼任齐鲁大学和之江大学教授。1952 年，因院系调整，束星北到青岛山东大学物理系任教授，并转向大气动力学研究。同年，山东大学成立海洋系，物理系气象组转入海洋系，束星北任海洋系气象研究室主任。

1952 年，束星北到山东大学物理系，除讲授物理课程外，还主动要求参加普通物理教研组，亲自辅导提高该组教师水平，对物理系教学质量的提高起了很好的作用。

他讲课从不照本宣读，不做面面俱到的讲解，对根本性原理却不厌其烦地从日常所见的自然现象出发，以各种生动的实例，从不同侧面深入浅出地反复论证，使学生一通百通地理解、掌握、运用基本原理概念。例如，他讲热力学时，用大量实例证明第一类和第二类永动机是不可能的，进而阐明热力学第一和第二定律，阐明热力学熵的原理，并把熵的概念描述成可捉摸的物理量，使学生对难以理解的物理概念变得清楚、明了。

他特别着重引导学生抓住物理学的一些本质问题。在讲量子力学时，他强调统计性和测不准关系，用大量事例着重阐明测不准关系原理。在讲狭义相对论时，他特别强调相对论的核心问题是同时性问题，在狭义相对论中，同时性只有相对的意义，只有时空的点才是绝对的。在讨论经典统计物理时，他强调指出统计物理的核心问题是玻尔兹曼的 H 定理。

他还注重培养学生的独立思考能力。他要求学生对学过的东西一定要消化，不赞成死记硬背。他经常告诉学生应该吸收哪些对的部分，摒弃哪些错的部分，反对盲目引述文献和专家权威的话，认为所学的知识如果不变成自己的东西，即使说对了也无用。他出的试题相当部分是要求灵活运用讲授内容，靠死记硬背是答不出来的。如讲力学轨道运动时，他向学生提出"月球与太阳之间引力大于月球与地球之间引力，为什么月球绕着地球转"。为使学生接触物理学最新进展，他与王淦昌合开了课程，介绍物理学的前沿领域，当时出现的一些重要进展他们都讲过。例如，王淦昌讲过中微子和 β 衰变实验，束星

北讲过费米的 β 衰变理论和达尔文的狄喇克方程严格解。束星北还让四年级学生做文献研究报告，培养他们阅读文献和独立思考的能力，为祖国培养了大批优秀人才，分布在全国和世界各地。

束星北除了搞好教学外，还利用一切时间进行科学研究，他的研究涉猎面很广，主要集中在理论物理研究、大气动力学研究和动力海洋学研究。

束星北到山东大学物理系时，正值国家第一个五年计划即将开始。面对国民经济发展的需要，束星北毅然放弃相对论研究，决心献身气象科学。中央气象局在山东大学设立了气象研究室，请束星北负责该室的研究工作。在他主持下的气象研究室，从开始的几个人，迅速发展成为 20 多人的研究室。他全力以赴孜孜不倦地工作，加之其拥有雄厚的数理基础，研究工作很快上手。短短两年（1953～1954），他写出气象研究论著近 10 篇，从物理学角度对大气动力学做了理论探讨。

束星北先生是中国早期的一位杰出理论物理学家和教育家。他的一生是孜孜追求真理、辛勤耕耘播种的一生，也是坎坷不屈、自强执着的一生，他是一位有真才实学的爱国科学家。国家海洋局局长孙志辉先生盛赞束星北先生道："中国曾有过这样一位科学家，是中华民族的自豪。"

12 古典大师——"冯陆高萧"

山东大学素以文史见长，其中尤以古典文学为强。谈到山东大学的古典文学研究，不能绕过 20 世纪五六十年代，山东大学中文系的冯沅君、陆侃如、高亨、萧涤非等文史名家。正是在他们的带领下，才开创了山东大学文史的辉煌，此时期简称"冯、陆、高、萧"时代。

冯沅君

冯沅君

冯沅君（1900～1974），河南唐河人，现代作家，著名文学史家；自 1947 年起执教于山东大学中文系，曾任山东大学副校长、山东省文联副主席、妇联副主席，为第一、第二、第三届全国人大代表一级教授。

1917 年秋，冯沅君说服母亲，随长兄冯友兰到北京，考入国立北京女子高等师范学校。1922 年，冯沅君考入北京大学国学研究所。

1925 年起，冯沅君先后到南京金陵大学、上海暨南大学、复旦大学等校中文系任教。1929 年 1 月 24 日，冯沅君与三峡文学研究家陆侃如在上海结婚。1932 年，他们考取巴黎大学文学博士班，专事古典词曲的研究，并获得博士学位。1935 年冯沅君回国，先后在河北女子师范学院、武汉大学、东北大学、青岛山东大学等校中文系担任中国古典文学教授，1955 年，出任山东大学副校长。除担任教学工作外，她仍继续古典文学、文学史的研究和著述，被誉为中国著名的文学史家。

冯沅君是"五四"时期著名的女作家，她的小说集《卷葹》曾在 20 世纪 20 年代的青年中产生过强烈反响。1925 年，自北京大学研究所毕业后，她开始以治学、教学作为自己一生的职业。由于在词、散曲、古代戏剧和文学史研究方面的建树，来山东大学执教时，她已是蜚声全国的一代名师。然而，冯沅君从不以名师自居。她以自己一贯的勤奋、严谨、谦虚、诲人不倦的作风治学、教书和做人，她的长者风范曾感动了一届又一届的学生，也使他们终生受益。

初到山东大学时，冯沅君不仅担任高年级学生的戏曲和文学史导师，为他们开设"中国文学史""中国戏曲研究"等课程，而且亲自讲授大一国文。她讲课资料丰富，分析中肯，循循善诱，既开阔了学生的眼界，又教给他们治学的具体方法，而且能形成一种亲切、融洽的课堂气氛，因而深受学生的欢迎。由于冯沅君治学育人从来不遗余力，耗费心血过多，以至年未六旬而羸弱多病。组织上关心她的身体，自 1956 年起不再为她安排本科学生的课程，只安排她指导青年教师和研究生。但她从不因体弱多病而稍懈偷闲，传道授业解惑，拳拳唯恐不尽。袁世硕毕业后被冯沅君留做助教，冯先生为他制订了详尽的进修计划，每周还看一次他的读书笔记，从资料、观点到标点一一认真修改，有时修改的地方达百条之多。袁世硕要登台讲课了，冯沅君把他的讲稿逐字看过，用红笔把标题和需要板书的字画上圈；把难读的字词注上音；把讲述欠细处用小楷补齐。看了讲稿，又听试讲，细致周到无以复加。冯沅君先

生从事大学教学工作的半个世纪以来，她倾力讲授中国文学
史，编写了多部有影响的教材，培养了数不清的学生，可谓桃
李满天下。冯先生在中国教育事业上功勋卓著，名垂学林，永
远令人景仰。

陆侃如

陆侃如

陆侃如（1903～1978），
祖籍江苏太仓，著名文学史专
家；1947年起执教于山东大学
中文系，历任图书馆馆长、
《文史哲》编委会主任、副校
长，为一级教授。

陆侃如于1920年入北京
高等师范学校学习，1922年考
入北京大学，1924年由北京大
学中文系毕业，考入清华大学
研究院专攻中国古典文学。

1929年，陆侃如在上海与冯沅君结婚，从此二人合作研究中
国古典文学。1932年夏，陆冯同时出国，入法国巴黎大学研
究院，1935年夫妇均获文学博士学位。1935年回国后，陆侃
如任燕京大学教授兼中文系主任；抗日战争爆发后，于1938
年初南下昆明，在迁至云南的中山大学师范学院任教；1942
年，到四川三台，任内迁的东北大学文学院院长兼中文系主
任；1946年，随校迁回沈阳。

1947年秋，陆侃如和冯沅君应山东大学校长赵太侔的盛

情邀请离开了沈阳东北大学，到青岛山东大学文学院中文系任教。1948 年底，陆侃如任山东大学校务委员会副主任兼图书馆馆长。1950 年 11 月 15 日，山东大学与华东大学合并，两校成立迁并委员会，陆侃如任副主任委员。1951 年 3 月，他又任山东大学学术委员会副主任委员，规划全校的科学研究工作。1951 年 2 月 27 日，中央人民政府教育部任命华岗为山东大学校长，童第周和陆侃如为副校长。

陆侃如在山东大学及其他高等学校任教，几十年来从事教学和科研工作，成绩十分显著，可谓桃李满天下，为国家培养了大批人才。陆先生在教学工作方面，一向勤奋刻苦，既善承前贤，又勇于创新。在培养青年教师方面，倾心关注，严谨不苟，凡是受他教诲的人，无不为之感佩。他通过采用个别辅导、共同合作和举办讨论班的教学方式，为山东大学培养了一批古代文学的研究人才。在他的指导下，青年教师和研究生先后撰写《楚辞选译》《文心雕龙选译》《刘勰论创作》《刘勰和文心雕龙》等著作，都具有较高水平，受到全国学术界的瞩目。

陆侃如与冯沅君比翼齐飞，他与冯沅君教授的结合更是世所盛传的人文佳话。两人同为法国巴黎大学的文学博士，都是新中国的一级教授，又都曾担任过山东大学的副校长。他们合作撰写的《中国诗史》《中国文学史简编》《中国古典文学简史》在学术界产生了重大影响。

陆侃如一生著述甚多，他的著述除前述外，还有《中国古文学系年》《陆侃如古典文学论文集》《楚辞选》《楚辞选译》《文心雕龙译注》等著作。陆侃如先生对中国古代文学研究的杰出贡献为世所公认。

2011年，在山东大学即将迎来110周年校庆之际，中文系56级校友向学校捐赠了冯沅君、陆侃如先生雕像，以表达他们对先师的感恩之情。

高亨

高亨

高亨（1900~1986），吉林双阳人，著名先秦文史研究专家、文字训诂学家。1953年起高亨执教于山东大学中文系，为校学术委员会委员、山东省政协第三届常务委员、第四届全国人大代表；1957年起兼任中国科学院哲学研究所研究员。

1953年夏，静谧宜人的青岛山东大学校园，一位对中国传统学术深有研究的学者，带着白山黑水的仆仆风尘，来到了这里。这就是高亨先生，这一年他53岁。

高先生是通过陆侃如、冯沅君先生的介绍，受聘于山东大学的。

作为清华国学研究院第一期毕业生，高亨在来到山大之前，就已经在中国古代学术的研究上，取得了卓著的成绩。他已出版的著作有《庄子今笺》《老子正诂》《周易古经通说》

《周易古经今注》等，早已在学术界产生了重要的影响。

20世纪50年代初的山大，在著名学者华岗校长的主持下，和新成立的国家一样，正一派欣欣向荣。文史两系尤可谓名士如林，学术气氛十分浓厚。优雅的环境，相当齐备的图书资料，又为传统学术的研究提供了良好的条件。在此后的几年内，高亨不仅承担了繁重的教学任务，为本科生开设基础课和选修课，而且取得了丰硕的科研成果，陆续发表了《墨经中一个逻辑规律——同异交得》《周代大武乐考释》《商鞅与商君书批判》等十余篇重要学术文章，还出版了《诗经选注》、《楚辞选》（合著）、《墨经校诠》等专著。

高亨的卓著成绩，不仅使他担任了校学术委员会的委员，还兼任中国科学院哲学研究所研究员。从1956年7月开始，他与冯沅君同时被聘任为副博士生导师。高亨的论文如《上古乐曲的探索》、《周颂考释》（上、中、下）、《试论晚周名家的逻辑》等，专著《文字形义学概论》《诸子新笺》《周易杂论》《上古神话》（与董治安合著）等，在学术界产生了积极反响，特别是对晚周名家的研究，创造性地总结出先秦名家的7个逻辑法则和公孙龙的五个逻辑法则，补充了先秦诸子研究的1个缺陷。其析理之精，论断之确，前无古人，而文字形义学的研究，则开辟了文字学研究的一个新的方向。

1963年11月，在中国科学院哲学社会科学部第四次委员会（扩大会议）即将闭幕时，高亨与其他9位学者一起，受到毛泽东的接见。接见时，毛主席对高亨的研究工作多有鼓励。返济后，高亨把自己的著作《周易古经今注》《诸子新笺》等6部寄呈毛主席。毛主席在回信中称赞高亨的著作"高文典册,我很爱读",对高亨的研究成果给予了高度的肯定。

萧涤非

萧涤非(1906～1991),原名忠临,曾用笔名萧郎;1926年考入清华大学中文系,1930年以优异的成绩免试进入清华研究院深造,1933年研究生毕业后,由导师推荐到山东大学中文系任讲师。1936年秋,萧涤非受聘于四川大学中文系;1941年到昆明西南联大中文系任教,先后任副教授、教授;1946年8月至1947年10月任南昌中正大学中文系教授;1947年又受聘为山东大学中文系教授。在山大期间,萧涤非历任古典文学教研室主任、中文系主任、副教务长、校

学术委员会副主任、文史哲研究所副所长、古籍整理研究所副所长等职。1981年,他被任命为国务院学位委员会学科评议组成员;1982年被任命为国务院古籍整理出版规划小组顾问;1981年11月被国务院批准为中国首批博士生导师;1982年被选为全国唐代文学学会会长;1990年成为首批享受国务院政府特殊津贴专家。

萧涤非

萧涤非教授执教山大 47 载，非常重视教书育人，全心全意为国家培养德才兼备的人才。数十年来，他一直勤奋不辍，精心耕耘于教育园地，培养了大量的本科生、硕士生、博士生、进修生，可谓桃李满天下，赞誉盈四海。

萧涤非教授毕生致力于中国古典文学的教学与研究，造诣精深，成绩卓著。早年他侧重于乐府诗词的研究。他在清华大学研究院的毕业论文《汉魏六朝乐府文学史》，于 20 世纪 40 年代出版后，受到学术界的高度重视，被誉为"乐府文学之最佳通史"，"通人至论足以振聋发聩"。新中国成立后，他侧重于唐代文学研究，其杜甫研究成就尤为卓著。他的《杜甫研究》一书，在学术界产生了广泛而深远的影响，被誉为"是一部有创造性的作品"，是"建国三十多年来杜甫研究界的代表著作"。60 年代初，他受教育部委托，与游国恩等著名学者主编《中国文学史》教科书。该书多次印行，荣获国家教委优秀教材特等奖。他的《杜甫诗选注》《乐府诗词论数》《解放集》《读诗三札记》《皮子文数》等书，均获得学术界的好评。1978 年，他承担了国家"七五"社会科学重点规划课题"杜甫全集校注"。

13 史学巨匠——"八马同槽"

在山东大学辉煌的百年史上，像传说的一样令人向往的历史系"八马同槽"（或称"八大教授""八骏同槽"）无疑是这一辉煌时期的旗帜。实际上，"八马同槽"是对当时山东大学历史学科师资的一个形象比喻，说明师资阵容强大，名师荟萃。20 世纪 50 年代初，同时在历史系任教授的有杨向奎、童书业、黄云眉、张维华、赵俪生、郑鹤声、陈同燮、王仲荦、华岗、吴大琨等，一度达到 14 位教授之多。"八马同槽"只是说其中的一部分，或者说是主干部分。

2007 年 11 月 27 日，赵俪生先生在兰州辞世，享年 91 岁。他是"八马同槽"中最后离世的一"马"，也是活的岁数最大的一"马"。至此，"八马"同去，留下的是他们那些浩如烟海的著作和一个个说不尽的故事。

抗战胜利后，山大在青岛复校，学校将抗战前的三院八系扩充为五院十四系，其中文学院，分设中国文学系和外国文学系，当时历史系还不是一个独立学科。1949 年 6 月 2 日青岛解放，山东大学实行军事管制，开始组织整顿，中文系和历史系单设，王统照和杨向奎分别担任两系的系主任。这是历史系首次以单独的名称出现在山东大学的学科序列中，但时间很短，此后不久，文史再度合并为文史系，赵纪彬任文学院长，吕荧为文史系主任，下设中文、历史两个小组，杨向奎任历史组组长。1950 年 11 月，山东大学与华东大学合并，山大文学院的历史组和华大的历史系组建山东大学历史系，杨向奎为主任。1952 年齐鲁大学撤并后的历史系师资也并入山大历史系。自此，历史系作为独立学科建置一直延续下来（"文化大革命"中曾经短暂改为政史系），就是今天的历史文化学院。

历史系独立建置，尤其是与华东大学、齐鲁大学相关院系合并后，得到迅速发展，杨向奎、丁山、童书业、王仲荦、郑鹤声、张维华、黄云眉、赵俪生、吴大琨、陈同燮、莫东寅、袁寿春等名家，云集山大历史系。"八马同槽"，就是在这样的背景条件下形成的。

2011 年 10 月 5 日，山东大学隆重举行 110 周年校庆。就在这一天，"八马同槽"的"八大教授"群雕在新文史楼后面的广场落成。他们是：杨向奎、郑鹤声、童书业、黄云梅、张维华、王仲荦、赵俪生、陈同燮。学生们纷纷前来寻找过去的老师，他们牵着老师的衣角，摸着先生的镜架，搀着先哲的胳膊，仰望着与日月同辉的恩师的笑容，很久很久，幸福的泪水，感激的泪水，思念的泪水，夺眶而出……

杨向奎

杨向奎（1910～2000），字拱辰，河北丰润人。历史学一代宗师，著名史学家、经学家、教育家。他从事历史教学和研究工作的 60 余年，先后致力于中国社会史、经济史、思想史、学术史、历史地理的研究，勇于探索，勤奋治学，著述宏富。他的主要科研成果有《西汉经学与政治》《中国古代社会与古代思想研究》《中国古代史论》《清儒学案新编》《大一统与儒家思想》《宗周社会与礼乐文明》《墨经数理研究》《自然哲学与道德哲学》《哲学与科学——自然哲学续编》《绎史斋学术文集》《绎史斋学术文集》《缮经室学术文集》等，

杨向奎

发表论文 200 余篇。

杨向奎 1946 年到青岛山东大学中文系任教，后兼任系主任。青岛解放后，他成为山东大学校务委员会的 24 名成员之一。1949 年，杨先生与赵纪彬（纪玄冰）先生创建了历史系（今历史文化学院），并担任首任系主任。1952 年，兼任文学院院长和历史系主任。在青岛期间，他主持创办了《文史哲》杂志并亲任主编，这在当时是国内最早的文科学术研究刊物。从此，《文史哲》杂志一扫过去学术界沉闷的学术气氛，引领全国学术潮流，成为全国学术界的一面旗帜。

童书业

童书业（1908 ~ 1968），字丕绳，号庸安，安徽芜湖人，著名先秦史专家。

他是一位自学成才的学者，早年受旧式私塾教育，1928

年接受《古史辨》的影响后开始潜心研究上古史，几年后崭露头角；1935 年受顾颉刚之聘担任顾先生的私人研究助理，兼任禹贡学会编辑，与顾先生合作写成《春秋史讲义》及古史论文多篇，后在上海光华大学、美专等校任过教。1949 年 8 月，童书业应聘为青岛山东大学历史系教授兼文学所研究员。

童书业

童先生过目成诵的本领是众所周知的。顾颉刚曾这样评价童先生："丕绳（童书业）教授不仅学问精博，而且有惊人的记忆力和理解分析能力。重要的先秦古籍包括佶屈聱牙的《尚书》在内，都能背诵如流。这些古籍里的某个词汇出现过几次他不用查就可以立刻告诉你。近人的学术著作他看过一遍就能历举其主要内容和论点……"

童书业的治学范围极广，不仅精于先秦史，对中国绘画史、瓷器史和历史地理也都有精湛的研究。从 30 年代起，他先后发表了《中国山水画南北分宗说辨伪》《中古绘画史》《中国历代疆域沿革略》《康熙御窑作者考》等数十种论著。

童书业先生积极参与山东大学历史系的建设，经常一人承担两三门课程。在 1949 年之后的 19 年中，他在山东大学历史系就开设了"辩证唯物主义与历史唯物主义""马列主义名著选""中国社会发展史""中国上古史""中国通史·先秦史""中国土地制度史""中国手工业商业发展史""先秦思想史""史学名著选""先秦经济史""世界古代史""古代东方史""美学"等课程和"先秦文献""中国古史分期"两个专题讲座。凡是听他讲过课的人，无不为他知识之渊博、思路之清晰所倾倒。学生们公认，若把童先生讲课内容有言必录地记录下来，就是一篇见解独到、推理严密的好文章。他还结合教学任务积极从事世界古代史及中国古代各类专史的研究，撰写《春秋左传研究》《中国手工业商业发展史》《先秦七子研究》《古代东方史纲要》《古巴比伦社会制度试探》等专著与许多专题论文，整理完成了旧著《唐宋绘画谈丛》、《中国瓷器史论述丛》（与史学通合著）、《中国古代地理考证论文集》等。

黄云眉

黄云眉（1898～1977），字子亭，号半坡，浙江省余姚县人。国内著名学者，明史专家。1930 年始，他历任金陵大学中国文化研究所研究员、金陵大学教授、世界书局《辞林》编辑部主任、无锡国立专科学校、沪江大学、上海临时大学、法商学院等高校的教授。1951 年他受聘于山东大学，先后担任山东大学历史系教授兼中国古代史教研室主任、历史系主任、校图书馆馆长。

黄云眉在史学、文学、考据学以及音韵训诂学、版本目录、书法艺术等方面都有独到的研究，对明史的研究尤为精深。其主要著作有《邵二云先生年谱》《明史编纂考略》《古今伪书考辅证》《韩愈柳宗元文学评论》《明史考证》《史学杂稿订存》《鲒埼亭文集选注》，计 300 余万字。

黄云眉先生在山东大学 26 年的教学中，不仅自己学、思、问、辩，孜孜不倦，还以自己的切身体会教导学生，指导学生，指导青年教师。1977 年黄云眉临终前又嘱咐其家属将 400 余册藏书赠给了山东大学图书馆。

黄云眉

张维华

张维华教授（1902～1987），字西山，山东寿光县人；1928年齐鲁大学历史系毕业后留校任教，后又到燕京大学研究院深造，1933年夏获硕士学位。1936年夏，他应顾颉刚之邀到北京编辑《禹贡》半月刊。1937年，张维华应邀到河南大学教书，被聘为副教授。1938年秋他又到昆明，在北平研究所历史考古研究所

张维华

从事研究工作；1939年秋到已迁至成都的齐鲁大学任教，被聘为教授。在齐大期间他开设了"中国通史""秦汉史"和"中西交通史"等课程。编写了《中俄关系史》《明清之际西人东来和西学东渐史》两部讲义，撰写了《汉代西北史地》等数篇论文，还编辑了《责善》半月刊和《中国文化研究汇刊》。1944年张维华到江津县国立女子师范学院任教；1948年再次回到齐鲁大学，任文学院院长兼历史系主任、文学研究所所长等职。1952年齐鲁大学解散，他被分配到山东大学任教，任古史研究室主任，招收副博士研究生，先后开设了中国古代史、历史文选和中国古代经济史等课程。其间他写的《论汉武帝》《明代海外贸易简论》由上海人民出版社出版。1964年他参加了国务院组织的二十四史校对工作。他在

回校后到新设的中西交通研究室任主任，经国家教委批准学校设中西交通硕士点，招收硕士研究生，由张维华亲自授课指导。教学之余他撰写了 10 余篇论文。此外，他还主编了 400 余万字的《曲阜孔府档案研究资料选编》，由齐鲁书社出版。

赵俪生

赵俪生

赵俪生（1917 ~ 2007），原名赵甡，字俪生，曾用笔名冯夷，山东安丘人，著名历史学家；早年从事苏联文学翻译和革命文学创作，后专于历史研究，是中国土地制度史和农民战争史研究的奠基人；晚年致力于先秦文化研究。1934 年，他从青岛胶济铁路中学毕业后，考取了北京大学外语系，上了一星期以后，又转到清华大学外语系。1947 年夏，他被傅斯年推荐到河南大学任教，并被聘为文学院文史系副教授；1948 年 6 月，到华北大学第四部（研究部）任研究员。1949 年济南解放后，赵俪生被派到济南市军管会工作，后调到北京中国科学院编译局工作。1950 年秋他又到长春，任东北师范大学教授，同年冬到青岛山东大学任教。1957 年夏，赵先生被调到兰州大学任教。

在山东大学期间，他除了讲授"社会发展史""辩证唯物论与历史唯物论""马列主义名著选读""中国通史"外，还开创了"中国农民战争史""中国土地制度史"等课程，出版了《中国农民战争史论文集》《文史学的新探索》《山东历史上的农民起义》《顾炎武传略》等学术专著，培养了一批研究农民战争史的学者。他与夫人高昭一合著的《中国农民战争史论文集》是研究农民战争史的代表作，也是新中国第一部研究农民战争史的专著。

郑鹤声

郑鹤声（1901～1989），原名松表，字萼荪，号鹤皋，后改号萼荪，浙江诸暨人，著名历史学家、文献学家；1920年考入国立南京高等师范学校（1923年该校并入东南大学，

郑鹤声

即现在的南京大学）文史地部，受学于著名历史学家柳诒徵、地理学家竺可桢；1925年毕业，获文学学士学位；先后在云南高等师范学校、东陆大学（今云南大学）、中央政治学校、中央大学任讲师、教官和教授；1929年，任南京教育部编审处常任编审，兼第三组主任，同时兼任中央政治学校、中央大学特约讲师、教授。

1951年郑鹤声到青岛山东大学工作，1958年随山东大学迁往济南，历任历史系教授、中国近代史教研室主任、中西交通史研究室名誉主任、校学术委员会委员、《文史哲》编委会委员等职。

郑鹤声研究领域广泛，涉及清史、中华民国史、中国近代史、中国史学史、中国文献学、海外关系与中西交通史、中国

文化问题、中国民族问题、中国边疆问题等方面，尤以中国近代史、中西交通史、中国史学史研究成就突出，是中国近代史和中外关系史研究的开拓者之一。治史60余年，著述宏富，出版的专著有《史汉研究》《中国史部目录学》《中国文献史》《中国史学史》《中国近世史》《中华民国建国史》《郑和遗事汇编》等20余部，发表论文100余篇，计2000余万字。

陈同燮

陈同燮（1898～1970）是一位毕生从事教育工作的辛勤园丁，也是中国较早致力于世界史研究的学者，古代希腊、罗马史专家。

他1919年毕业于南开中学，进入南开大学；1930年春，自费出国留学，入美国密西根大学研究所研究世界史，翌年获硕士学位；1931年夏回国，应聘为东北大学教授；1932年春，

陈同燮

于厦门大学任教；1932年8月至1935年7月，任北京大学副教授，讲授西洋史。此后，他又先后在广州学海书院、广州省立勷勤大学、上海暨南大学、北京师范大学等校任教授。陈同燮以他的辛勤劳动为中国培养了许多人才，著名学者齐思和、杨向奎、邓广铭、何兹全、孙思白等都曾是他的学生。

1951年，年过半百的陈同燮教授来到山东大学执教，任历史系世界史研究室主任，先后讲授过世界古代史、希腊罗马史、世界中世纪史和世界近代史。陈先生在教学和科研中努力以马克思主义为指导，学风严谨、朴实，讲课深入浅出，条理清晰。为了教学需要，陈先生在50年代编写了一部20万字的《希腊罗马史》教材。陈先生除完成教学任务外，还把主要精力放在培养青年教师的工作上。

王仲荦

王仲荦（1913～1986），浙江余姚人；1937年毕业于上海正风文学院；1938年，和一批进步人士在租界创建了太炎文学院，王仲荦任院长秘书室主任兼中国通史教授，讲授中华三千年历史（民国通用教材）。

1940年底，王仲荦抵达昆明，任云贵监察使李印泉（章太炎先生的结拜兄弟）的秘书，1942年底，赴重庆中央大学任教。1947年春，王仲荦北上青岛任教于山东大学，历任山东大学教授、历史系主任、古籍所副所长、校学术委员会副主任委员、《文史哲》编辑会副主任。1980年，王仲荦成为首批博士生导师。他是中国唐史学

王仲荦

会第一、第二届副理事长，山东省史学会第一、第二届理事长，国务院古籍整理出版规划小组成员，国务院学位委员会第一届学科评议组成员。

在魏晋南北朝史研究方面，学界一致公认有两大家——"南唐北王"，北王就是王仲荦。

王仲荦一生致力于教育和科研工作，半个多世纪里，他孜孜不倦，著述不辍。在学术上建树颇多，他对古代史上的重要问题，如古史分期问题、春秋战国之际的农村公社和休耕制度问题、物价问题、明代纺织生产问题、资本主义萌芽问题，都进行了开创性研究。尤其是古史分期问题，他继承并发展了魏晋封建论。另一个开创性的研究是出版《曹操》一书，在书中他首次对曹操的历史功绩进行了公允的评价和充分的肯定。

王仲荦一生著述颇多，其代表作有《魏晋南北朝史》《隋唐五代史》《关于中国奴隶社会的瓦解及封建关系的形成问题》《北周六典》等。

14 "哥德巴赫猜想"大师——潘承洞

潘承洞（1934~1997），江苏省苏州市人，中共党员，著名数学家，中国科学院院士，曾任山东大学校长、教授、博士生导师。

1952年他考入北京大学数学力学系。1957年他从北大毕业工作半年后，以优异的成绩考取了著名数学家闵嗣鹤教授的研究生。1961 年毕业，他被分配到山东大学数学系任教，曾任数学系主任，数学研究所所长，副校长，1986 年任山东大学校长，1991 年当选为中国科学院院士。

潘承洞教授致力于解析数论的研究，他具有坚实的数论基础，深厚的学术造诣和孜孜不倦的探索精神。早在他读研究生期间，就开始了解析数论的研究工作。

1961 年盛夏，被分配到山东大学数学系工作的潘承洞，怀着一颗为祖国科学事业做出贡献的赤诚之心，开始了他攻克"哥德巴赫猜想"的艰难历程。他一边担任着繁重的教学任务，一边争分夺秒地研究。在数学的王国里，他凭着自己年轻的体魄和智慧奋力攀登，数学、符号、符号、数字，记下一张张，算满一页页，垒起一堆堆……长期的挑灯夜战与营养不足，严重损害了他的眼睛，使他戴上了 1000 度的近视眼镜。经过半年的苦战，通过改进和创造性地运用"大筛法"，潘承洞成功地对兰恩易的工作进行了实质性的改进，并以此为基础完成了重要论文《表大偶数为素数及一个素因子不超过 5 的数字之和》，即（1＋5），把天文数字 C 一下子降到了 5！这一结果使中国在"哥德巴赫猜想（1＋1）"的研究中处于世界领先地位，其成果为各国数学家广泛引用。从此，他开始向"哥德巴赫猜想"展开了攻坚战。1962 年，他又证明了（1＋4），在《中国科学》发表论文《表大偶数为素数与一个不超过 4 各素数乘积之和》，被国际数学界公认为是实现"哥德巴赫猜想"研究的重大突破。

1973 年陈景润发表了命题（1＋2）的全部证明，该文在

"筛选"上的重大突破,使潘承洞对"哥德巴赫猜想"的认识产生了新的飞跃。

1981年,他与胞弟潘承彪合作编著了《哥德巴赫猜想》一书,全面系统地总结了"哥德巴赫猜想"研究中的方法、成果、现状以及中国数学家突出的贡献。这是国内外第一部论述"哥德巴赫猜想"的专著。

潘承洞1982年发表了《研究哥德巴赫猜想的一个新尝试》一文,以其创新的胆识,对"哥德巴赫猜想"的研究提出一种完全不同于经典"圆法"的新途径,新的思想方法,受到国际数学界的极大关注,被认为是一个极有价值的探讨。

1982年,他与王元、陈景润共同以"哥德巴赫猜想"的研究成果获国家自然科学的一等奖。由于在数论研究中所取得的卓越成就,潘承洞在国际数学界享有很高声望,他与华罗庚、陈景润、王元被国际数学界视为中国数论派的代表。除数论外,潘承洞对复变函数论、广义解析函数论、样条函数及数论应用等方面亦有诸多建树。

潘承洞热爱教育事业,他倾注大量心血培养年轻一代的科学工作者。自1978年以来,他培养了14名博士和18名硕士,包括中国首批18位博士之一的于秀源。他给本科生、研究生开设了十几门基础课、选修课。他讲课不照本宣科单纯传授知识,而是提纲挈领,注重传授思维方法、治学门径。潘承洞既是一位优秀的科学家,又是一位出色的教育家。1986年底,他出任以文史见长的山东大学校长。根据国家改革开放的新形势和山东大学的特点，他制订了"文理并举，新老共进，既注重综合性大学的基础理论研究，又积极扶持高新技术学科"的学校发展战略，使山东大学的综合实力和办学水平有了较快的发展和提高，是新中国成立以来山东大学发展最快的时期。

王元 陈景润 潘承洞（右一）

15 晶体之梦——蒋民华

蒋民华（1935～2011），浙江临海人，中国科学院院士，著名材料科学家、教育家；第九届全国政协委员，第十、十一届全国人大代表。

蒋民华

蒋民华1956年毕业于山东大学化学系;1964~1978年任山东大学晶体生长研究室主任;1979年赴联邦德国科隆大学做访问学者,历任山东大学助教、讲师、副教授、教授、博士生导师;是山东大学晶体材料研究所所长,晶体材料国家重点实验室主任,山东大学副校长,材料科学与工程学院院长;1991年当选为中国科学院院士;1991~1996年,任国家高技术研究发展计划("863"计划)新材料领域第三届专家委员会专家组组长、首席科学家。

蒋民华的名字和中国功能晶体事业密不可分,和山东大学晶体材料国家重点实验室密不可分。蒋民华长期从事人工晶体的研制工作,1958年以来曾主持、直接参加和指导了20多种高新技术单晶的研究工作。

1958年,蒋民华开始了他晶体生长的生涯,起步的晶体是水声、电声用的压电晶体酒石酸钾钠(KNT)。当时的人工晶体在国外是刚刚兴起,在国内还鲜为人知。

蒋民华培养第一块KNT单晶时,当时的条件极其简陋,用金鱼缸当恒温槽,以标本瓶作育晶器,原料则由张裕葡萄酒厂发酵酿酒时析出的酒石转化而成,把晶芽粘在玻璃棒上作籽晶。经过数年的努力,蒋民华和他的同事们终于突破了培养大晶体的关键技术，成功地捧出了第一块重达 10 千克的 KNT 大单晶。

20 世纪 60 年代，蒋民华又把主攻方向转向综合压电性能更为优良的磷酸二氢铵（ADP）晶体，找到最佳的生长条件，长出了高质量的 ADP 大单晶。

山东大学是国内最早开展 ADP（海军声呐用）及 KDP（DKDP）系列晶体的单位，1964 年磷酸二氢胺（ADP）单晶获得国家计委、经委、科委授予的"工业新产品二等奖"，是山东大学获得的第一个国家级奖励。

KDP 类（磷酸二氢钾/磷酸二氢铵）晶体研究始于 20 世纪 60 年代，从"七五"开始，大尺寸 KDP 晶体生长研究一直受国家高技术"863"计划、国防科工委配套等的重点资助，是国内首次提供大尺寸 KDP 应用于国家"神光"系列工程的单位，为国家独立自主开展相关领域研究做出了突出贡献。大口径 KDP 晶体的成功研制打破了西方国家的垄断，现为国家 ICF 工程晶体供应的主要（核心）单位之一。

山东大学首次探索并生长出新的非线性光学晶体 LAP，并在此基础上形成了有特色的半有机非线性光学材料的新方向。1988 年，一种新型的非线型光学材料 – L 精氨酸磷酸盐（LAP）晶体获得国家发明一等奖。

山东大学在 KTP 晶体的助熔剂生长方面取得重大突破，在国际上首次用助熔剂法实现了 KTP 稳定的批量生长，晶体生长的研究和开发获国家科技进步奖二等奖和发明专利，并出口日、美等国，被誉为中国高技术产品出口"零的突破"。

20 世纪 80 年代，山东大学在国际上首次提出和论证了四方

DKDP 晶体的亚稳相生长机理，并探索出全新的亚稳相生长工艺，突破了长期以来认为亚稳相难以生长好晶体的局限，大大丰富和拓展了亚稳相晶体生长理论。"亚稳相生长磷酸二氘钾（DKDP）晶体"获全国科学大会奖、山东省科技成果奖一等奖。

蒋民华院士在晶体材料研究方面做出了多方面的贡献，获得了许多荣誉和奖励，包括："全国优秀科技工作者称号"和"五一"劳动奖章（1987）、全国先进工作者称号（1989），1988 年获得国家发明一等奖，1996 年获得何梁何利科学技术进步奖，2003 年获得首届山东省科学技术最高奖。

2007 年，中科院理化所陈创天院士、山东大学晶体所蒋民华院士、中科院物理所许祖彦院士共同荣获求是科技基金会颁布的"求是杰出科技成就集体奖"，以表彰他们组成的科研团队为深紫外非线性光学晶体 KBBF 的发现、生长及其应用研究做出的杰出贡献。

2008 年 5 月，在日本仙台举行的第四届亚洲晶体生长与晶体技术会议（CGCT4）上，晶体材料国家重点实验室蒋民华院士获得亚洲晶体生长与技术协会所颁发的最高奖励——亚洲晶体生长与晶体技术奖（CGCT Award），以表彰蒋民华院士的突出成就和杰出贡献以及他为亚洲晶体生长和晶体技术走向世界，为提高亚洲晶体界在国际的地位做出的巨大贡献。

在研制高技术所需要的各种人工晶体的同时，蒋民华也十分重视基础研究和人才的培养工作，他是凝聚态物理和无机非金属材料两个学科的博士生导师，1978 年以来他先后培养了硕士生 15 名，博士生 12 名，指导博士后 5 名。其中有许多人已取得高级技术职称，有的已做出突出贡献，成长为新的学术带头人。蒋民华近 10 年发表的 120 余篇论文，也多数是以指导研究生的方式完成的。蒋民华还从中国实际情况出发，编写了《晶体物理》，这是国内第一本晶体物理专著，出版后深受广大晶体材料工作者的欢迎，并被许多高校选作教材。

蒋民华作为山东大学晶体研究工作的创业人和学术带头人，近 40 年来，从研究到开发，从生长到测试，从材料到器件，从体块到薄膜，从无机到有机，从晶体化学到晶体物理，他不断地捕捉机遇，把握方向带领大家开拓前进，使山东大学晶体所从只有几个人的科研小组发展成为晶体材料国家重点实验室，建立了多学科的硕士点、博士点、博士后流动站和国家重点学科点，成为国内外有影响的人工晶体研究、开发和人才培养三结合基地。

山东大学的功能晶体材料研究所已经成为山东大学在国际上的金字招牌。晶体材料国家重点实验室是中国首批建设的五个国家重点实验室之一。自 1990 年第一次接受评估获得优秀以来，在 1997、2003、2008 年的评估中均获优秀，得到了科技部的多次表彰。

16 工程力学家——刘先志

刘先志（1906~1990），山东高密人，中国力学界的著名专家和学者，国家一级教授。

刘先志

1926 年他考入北京燕京大学数学系，1930 年毕业，获理学学士学位；1933 年 8 月到当时的国立山东大学机械系当了一年的旁听生，第二年又以优异成绩获得公费留学德国的机会，赴柏林工业大学学习机械工程；1939 年毕业时获特许工程师，并留校任教，担任理论力学讲座及理论力学研究所主任助教、研究员。

1941 年 9 月至 1945 年 6 月，他又到德国哥廷根大学数理系学习力学，在近代流体力学奠基人普朗特（L. Prandtl）教授指导下获得自然科学博士学位，并熟练掌握了德、英、法、俄 4 门外语，1946 年回国，先后任上海市工务局正工程司、同济大学教授，后又到无锡开源机器厂任设计部主任。

1952 年，应时任山东工学院院长张协和力邀，刘先志来校任教。他历任山东工学院教授、教务长、副院长，并兼任山东机械工业厅副厅长、山东省人民委员会委员、全国人大代表，曾任山东省副省长和省政协副主席、中国力学学会常务理事、《力学学报》常务编辑、《应用数学和力学》编委、国家力学教材编委会编委、山东省力学学会名誉理事长。

刘先志刚来山东工学院时，学校初创未久，是一所解放后新建的专门培养高级工业人才的院校，各方面的资源都比较匮乏,百废待兴。他一面给本科生讲授理论力学,一面给青年教师讲授高等刚体力学。他讲课条理清晰、简明生动,强调定义、概念时非常严谨,把深奥的理论讲得生动形象、通俗易懂。如讲振动系统的自由振动频率,他以肩挑的担子、树枝的摆动、人走路时的晃动等做实例,用拉小提琴来说明自激振动产生的条件,还用旋转轴的临界转速来说明共振的概念及其重要性,既使人容易理解所讲的内容,又给人留下思考的余地。

他为青年教师讲课时,教材都由他编写、校对,连讲义中的插图都是他亲手精心绘制的,工作量之大可想而知。他特别强调"基础不坚实是上不去的,力学工作者一定要打好数学力学基础",并引导和介绍他们阅读一些国外的期刊图书,以获取更先进的知识。在他的培养下,青年教师的思路开阔了,基础牢固了,分析问题的能力提高了,力学知识水平上了一个大的台阶,为以后提高教学质量和开展科学研究打下了坚实的基础,这些教师后来都成为教学和科研骨干。

1957年,党中央向全国发出向科学进军的号召,刘先志经过积极酝酿筹备,于1958年4月首次在国内举办了机械振动学讲习班,他亲自编写讲义和授课。国内许多高校、科研单位、厂矿企业纷纷派出讲师、工程师以上人员参加。这次讲习班为中国振动力学的发展培养了人才、奠定了基础,当年参加讲习班的许多人都成为振动力学方面的专家,有的还成为工程院院士。之后,他又将机械振动学讲义进行修改,于1962年出版专著《机械振动学导论》,这是第一本由中国人自编的机械振动学教材。

刘先志从事的科学研究以涉及领域宽而著称,他一生从事力学教学和科学研究，其研究成果是多学科的理论性研究和创新成果，涉及一般力学、流体力学、热弹性力学、机械振动学、应用数学、机械工程等学科，既为这些学科的学术宝库增添了新的理论，又为解决有关工程中的实际问题提供了理论依据和计算方法。刘先志在国内外著名学术杂志上发表科学论文50余篇，并出版专著《机械振动学导论》，这是当时中国振动工程领域中最具权威性的著作。他的业绩被收入《中国科学家辞典》，编入《齐鲁科技精英》。1986年为表彰他在机械振动和热应力研究中做出的贡献，国家教委授予他全国科技进步二等奖。

17 崧高维岳——蒋维崧

蒋维崧

蒋维崧（1915～2006），字峻斋，亦作峻斋，别署峻，亦作骏，室名费白日宦、归网室，江苏常州人，当代著名语言文字学家、书法篆刻家。

1934年，蒋维崧被保送至中央大学中国文学系。当时，黄侃、吴梅、汪东、汪辟疆、胡小石诸先生皆执教于此，他们都是各学术领域中的专家和大师。蒋维崧对《说文》《尔雅》《广韵》诸书下了很大功夫,在语言文字方面打下了坚实的基础。胡小石讲的"甲骨文""书法史""文学史",更加激发了蒋维崧对书法、篆刻的兴趣。大学三年级时,他选修了艺术系乔大壮先生的"篆刻""书法"两门课,师从乔大壮先生学习书法篆刻。蒋维崧因早有书法、篆刻的基础,一经乔大壮先生指点,技艺就突飞猛进,不久便成了乔大壮先生最得意的弟子。

在大学四年级的时候,乔大壮先生介绍蒋维崧向沈尹默学书法。沈尹默是蒋维崧书法发展和风格形成的关键时刻出现的关键性人物。蒋维崧写有行楷书"深入沈尹翁的堂奥",从此"书法方面进入了一个新的阶段"。在以后的五六十年里,蒋维崧在实践中取舍扬弃,逐步形成自己的风格。

1938 年,蒋维崧在中央大学毕业,先后在重庆高等工业职业学校、中央大学、广西大学任助教、讲师;后为生计到昆明中央银行任职;中华人民共和国建立之后,转入中国人民银行华东区行工作;1953 年调入中央高教部任秘书;1955 年调到山东大学,历任中文系副教授、教授。

蒋维崧是书法家,但首先是学者。到山东大学工作后,蒋先生很长时间坚持在教学第一线上,从来都是把教学、科研放在第一位,书法始终只是茶余饭后、工作之余的一种爱好,是修身养性、追求乐趣的一种手段。蒋先生曾给中文系学生讲授"现代汉语""文学学与文字改革问题""古代汉语专书导读"等课程。蒋先生以其深厚的文字学造诣赢得学生的钦佩和崇敬,也使学生受到鼓舞和激励。黄炽在《和蔼亲切的蒋维崧先生》一文写道:"他胸中早已装有一部中国古老文字发展的活的历史：从仓颉造字的传说故事，到甲骨、钟鼎乃至各体的演变，他都烂熟于心，往往是脱口而出，信笔写来，仿佛他已经完全沉浸在那独有的文化天地之中，岂仅是引人入胜，简直让我们为之神往。……无论是象形字、会意字、指事字、形声字，大篆、小篆、隶书、草书，从古到今，怎样在不同历史时代发展变化以及为什么会发生这样的变化，他一边娓娓道来，一边在黑板上板书演示，同学们全神贯注地听着，唯恐漏掉任何一句话一个字。"1979 年，蒋先生开始招收文字学硕士生。

1975 年，蒋先生以《汉语大词典》副主编的身份主持山东编写组工作。蒋先生将精密的分析与合理的归纳科学地结合起来，从而发掘出了很多词的精确含义，补充和更换了大量旧辞书的例证，淘汰了旧辞书误收的词语，纠正了很多词辗转因袭的错误。钱曾怡教授曾说，蒋先生实际上还充当了由山东省教育厅组织编写的《学习字典》的把关人。1974 年由山东教育出版社出版的《学习字典》，得到当时中国社会科学院的学部委员、一级研究员丁声树先生的肯定。和蒋先生一起参加编写工作的很多老师无不赞叹他那科学、严谨的治学态度。

在山东大学，蒋维崧在教学研究的同时，又潜心与此学问关系密切的艺术，从此，学问、专长和一贯兴趣促使蒋维崧越来越向书法和书法研究方面倾力。他与魏启后、陈左黄、高小岩、宗惟成一起被称为"山东五老"。山东大学书法学科的发展，在蒋维崧、童书业等诸先生的影响和带动下，逐渐形成了以文史研究为基础的书法创作和理论研究的风气。1980 年，蒋维崧和孙坚奋教授发起成立了山东大学书画研究会，组织、联络全校爱好书画的师生，长期坚持群众性的书法创作、书法研究活动。

1986 年，中文系在汉语言文字学专业设置了文字学（含书法）这一研究方向，蒋先生担任首任导师，于当年招收了一名硕士研究生，这在当时的中国实属创举。在山东大学招收文字学（含书法）研究方向的博士生时，蒋维崧坚持将书法专业放在文学院，并语重心长地指出："书法人才在汉语言文字学专业培养比较合适。一开始写字还看不出来，以后越来越觉得不读书，没有传统国学修养，就上不去了，这是经过历史证明了的。现实中的例子很多很多。"

蒋维崧一生致力于古代文献和汉语言文字学等领域的研究，尤以辞书编撰见重学林，兼擅书法、篆刻，一生以人格、学问滋养艺术，是中华传统文化的优秀传承者。

18　和谐之美——周来祥

周来祥（1929～2011），山东青城（今高青县）人，著名美学家，山东大学终身教授，博士生导师，美学研究所所长，教育部人文社会科学重点研究基地文艺美学研究中心名誉主任，曾兼任北京师范大学博士生导师，国际美学学会第十二、十三届执行委员会委员，五次应邀参加国际美学大会。

1949 年周来祥考入华东大学，1951 年又转入山东大学中文

周来祥

系学习，1953 年中文系毕业后留校任教，开始其教学和科研工作，并先后任讲师、副教授、教授，1986 年被国务院学位评定委员会评为博士生导师。

1961～1963 年，周来祥在北京参加了高教部组织的高等学校美学教材《美学概论》的编写工作。在此期间，他经常求教于中国美学界赫赫有名的朱光潜、宗白华等前辈，又朝夕相处地和当时的青年学者叶秀山、李泽厚、刘纲纪等相互交流切磋。1963 年，周来祥回到山东大学开设了"美学原理"课程，把自己的思想成果融入教学之中。作为教学依据，周来祥编写了《美学三讲》和《美学论纲》，这成为后来和谐理论的构建基础。

80 年代到 90 年代初，周来祥连续出版了《美学问题论稿》《论美是和谐》《文学艺术的审美特征与美学规律》《论中国古典美学》等论著，并发表了 150 多篇论文，共计 450 多万字，形成了在中国当代美学界独树一帜的和谐美学思想和理论体系。

1984 年，应国际美学大会主席的邀请，周来祥参加了在加拿大蒙特利尔举行的第十届国际美学大会，这是中国美学家第一次出席这四年一次的最高水平的世界美学会议。1995 年，他又参加了在芬兰赫尔辛基举行的第十三届国际美学大会，并连续被选为国际美学学会执委会委员。他向大会分别提交了《东西方古典美学理论的比较》和《东西方古代和谐美理想的比较研究》论文。

从 20 世纪 80 年代末开始，周来祥的研究重心由和谐范畴转向崇高范畴，90 年代中期又对"丑"和"荒诞"做了重要的规定和阐释，完成了从体系时代到后体系时代的自我超越。

1987 年周来祥创立了山东大学美学研究所并兼任所长，同时还当选为山东省美学学会会长，积极地研究美学，弘扬审美教育。1995 年，周来祥还创办了《东方审美文化研究》丛刊，大力提倡中国和东方审美文化研究。

2005 年以后，周来祥连续发表一系列关于二元对立思维的文章，在超越主客二元对立思维的基础上提出了"和谐思维"的概念，为社会主义和谐社会建设与和谐文化建设提供了理论基础和方法论，开创了辩证和谐大发展的时代。

2010 年，山东大学为表彰周来祥在学术研究和教学培养上所取得的杰出成就，授予其山东大学终身教授荣誉称号。

19 山东大学终身教授——庞朴

庞朴先生（1928~2015），字若木，原名声禄。中国当代著名历史学家、文化史家、哲学史家、方以智研究专家；1928 年 10 月出生于江苏省淮阴县，1954 年中国人民大学哲学系研究生毕业；曾任山东大学讲师、《历史研究》主编等职，曾为中国社会科学院研究员、联合国教科文组织《人类科学文化发展史》国际编委、国际简帛研究中心主任、山东大学终身教授、儒学高等研究院理事会副理事长、学术委员会主任。致力于中国哲学史、思想史、文化史以及出土简帛方面的研究。2015 年 1 月 9 日，庞朴在济南逝世。

在《我的语文老师们》一文中庞朴自述其幼年时的启蒙教育主要是受到略有文化的爷爷的影响。直到 1939 年在他 11岁时进入一家私塾才受到了正规的古典文化教育，先后习读了《三字经》《千字文》《诗经》以及神童诗、千家诗等。这些应该说是幼年庞朴对于中国文化的最初感性认识，也由此启发了他对中国文化的浓厚兴趣。庞朴曾回忆说："小时候读经，对于进一步了解中国文化，对于长大后待人接物、为人处世、立身行道，有很大的好处。"

1949 年，年仅 20 出头的庞朴，就做了一件置生死于度外的事情：从国统区投奔到解放区。到了解放区，庞朴留在了华东大学。后来，华东大学与青岛的山东大学合校，从此庞朴成为山东大学的一员。1952 年，庞朴到中国人民大学学习哲学；1954 年毕业后又回到山东大学教授马克思主义哲学。在其后的岁月中，庞朴历任山东大学讲师、中国社会科学院研究员、中国社会科学杂志社副总编辑、《历史研究》主编、中国社会科学院荣誉学部委员、联合国教科文组织《人类科学文化发展史》国际编委会中国代表、国际简帛研究中心主任、北京大学《儒藏》编纂与研究中心总编纂等职。

作为在海内外有着广泛影响的著名学者，庞朴先生一直对山东大学情有独钟。2004 年，他重新加盟山东大学，创建山东大学儒学研究中心，推动儒学的教育、研究、传承与传播，极大提升了山东大学在全球儒学界的影响力。儒学研究中心创办的《儒林》杂志、"儒林"沙龙、"儒学全球论坛（2005～2010）"，反响巨大，广为学界同仁所称道。2010 年山东大学在儒学研究中心的基础上，成立儒学高等研究院，庞朴先生担任院学术委员会主任，并被聘为山东大学终身教授。2010 年 9 月，在山东曲阜召开的第三届世界儒学大会上，庞朴先生被授予当今儒学研究领域的最高奖项"孔子文化奖"，以表彰他在该领域研究中做出的杰出贡献。重返山大以后，庞朴先生先后主持了"儒家学案（系列）""20 世纪儒学通志""中国儒学通志""儒学小丛书"等儒学研究重大课题，重视传统文化的普及和弘扬。这些选题持重允当，成果蔚然可观，广受学界好评，为儒学复兴做出了重大贡献。2014 年 8 月，庞朴凭借 30 余年来对于传统文化的坚守与倡导，以高龄之身牵头组织当代名家主编经典普及读本等业绩，被评为全国书博会"年度主题读书人物"。

庞朴先生长期从事中国哲学史、思想史、文化史等方面的教学和研究，学术成就卓著，蜚声海内外。一生与中国文化、儒学研究结下不解之缘。其主要著作有《〈公孙龙子〉研究》《一分为三——中国传统思想考释》《竹帛〈五行〉篇校注及研究》《沉思集》《儒家辩证法研究》《稂莠集》《文化的民族性与时代性》《白马非马——中国名辩思潮》

《庞朴学术文化随笔》《中国文化十一讲》《庞朴文集》等。庞朴先生也是近 30 年来儒学研究最具代表性的人物，是近 30 年来中华优秀传统文化复兴的主要倡导者、引领者和推动者，他所取得的学术成就在中国当代学术史上留下了重要篇章。

发现"火历"

庞朴对于中国传统文化的研究是从 20 世纪 60 年代开始的。庞朴认为，要研究毛泽东哲学思想，首先应该了解中国哲学思想，遂决定转到中国哲学的研究领域。20 世纪 60 年代，庞朴和葛懋春以鲁春龙笔名发表系列文章，探讨中国传统文化和古代哲学，在学术界崭露头角，引人注目。20 世纪 70 年代，庞朴提出了"火历"说，再现了一种失传已久的上古历法，获得天文史学界的高度评价。而"火历"说的发现其中还有一段插曲。

1971 年，庞朴被下放到了曲阜，他的书都被贴上了封条。到曲阜后，庞朴发现了一个非常吸引他的现象，那就是天上的星星特别多。地上没有书可念，他就念这个天书。于是，夏天的晚上，庞朴就搬把椅子，在操场上看星空。花了两年的时间，把漫天的星空都搞清楚了。没想到，庞朴看星星，却直接引出了一个重要的学术发现——火历。偶然中带有必然，这与庞朴勤于学习、善于思考是密不可分的。

一次，他在读《左传》时，发现里面有个地方把四月说成了正月。这令庞朴感到很奇怪。凭借着多年积累的学术敏感和问题意识，他决定搞清楚这个问题。他根据自己在曲阜时所储备的天文学知识，加之自己的深入研究，最后确定，《左传》此处所谓的四月是正月，不是我们现在实行的阳历和阴历中的正月，而是用另外一颗恒星来纪时的。由于两种历法的坐标、参照物不同，所以得出的结论也是不同的。庞朴介绍说："太阳当然是一个参照物，但是那时太阳并不重要，因为太阳只能通过升起落下告诉我们一天而已。月亮可以告诉我们一个月，月亮的圆缺能做到这一点。但是谁能告诉我们一年呢？太阳和月亮显然都不行，最后大多数民族都找到了一个东西——遥远的恒星，这颗恒星可以告诉我们一年。当它傍晚在东方地平线出现的时候，这是一年的开始，十二个月后当它再次出现的时候，其间相隔正好就是一年。"

由此他提出，在远古时代，当阳历和阴历还没有使用之前，我们祖先就开始使用历法，这个历法就叫"火历"。"火历"以大火星作为授时的参考星座，只是后来被其他历法取代，只在文化典籍上留下了零星记载。

直到今天，还有很多现象都与"火历"有关。如"二龙戏珠"，这是中国人常常可以见到的文化图案。大家都知道珠子是水里面的东西，而二龙所戏之珠则是一个大火球。别的理论很难解释通，而一旦引入"火历"理论，这个现象也就不足为奇了。原来，在天文历法上，除了阴历和阳历，竟然还有一个更为古老的"火历"。或许，这也"暗合"了庞朴的"一分为三"理论。庞朴的发现引起了天文学界的极大兴趣。中国天文史学界权威席泽宗就曾高度评价过庞朴的这一发现，并认为庞朴的这种做法，才是研究中国天文学史的正确方法。因为在他看来，现在许多研究中国天文史的学者用的都是西方的科学体系，这样中国很多天文史料都通通被削掉了，如此一来，中国天文史研究就没法发展了。

保住中华民族文化之根

1982 年，庞朴在《人民日报》发表了《应该注意文化史的研究》一文，率先发出重视文化史研究的时代呼声，引起学界的强烈反响。在他看来，"文化不但有时代属性，更有民族属性。民族属性意味着文化绝不是一元的，而是多元的；超时间、超空间的文化是不存在的；文化不是只有一种模式，而是有许许多多模式，每一种模式都有自己独特的价值；每一种文化都首先是某一地域的文化，文化的首要属性是民族性，其次才是时代性；中国的现代化绝不是西方化，也绝不能西方化"。庞朴特别强调文化的民族性，并认为文化是民族的根，文化的最基本属性是它的民族性。庞朴曾毫不讳言自己是一个文化上的保守主义者，他说："在文化上绝对不能搞全球主义，一个民族如果没有自己的文化，你这个民族就蒸发掉了，或者就淹没在人群当中了。"

庞朴曾就文化学、文化史、文化传统与现代化诸问题，数十次发表演说、撰写文章，阐述其对文化的各种思想认识，从而推动了文化研究热潮的高涨。庞朴关于文化的一系列重要观点可归纳为"一二三"："一"就是一个定义，文化就是人化；"二"就是认为文化有民族性和时代性两个属性；"三"就是文化有物质的、精神的和制度的三个层面。庞朴对于文化的定义、属性和结构的阐述，引起了学界的极大重视，成为探讨中华文化问题的重要理论指导。

"一分为三"的文化密码和思维精髓

庞朴先生致力于中国辩证思想的研究，提出了"一分为三"说，揭示了中华文化的密码和精髓。

庞朴首先从文化现象入手，来解读中华文化密码。比如，他从黄帝的传说开始，用黄帝的故事说混沌，用"伯乐相马"谈认识论，从"庖丁解牛"谈实践论，通过一批出土文物（纺锤）来谈"玄"，运用几个上古文字来说"无"，等等，最后当然都要归结到中国辩证思维。

庞朴深深相信，中国文化体系有个密码，就是"三"。于是便用这个密码去开中国文化宝藏之锁，又用开了锁的宝藏文化来反证密码之存在。古稀之后，庞朴开始对"一分为三"给出理论上的说明，于是有了"中庸与三分"等尝试。2001 年，他开始撰写《一分为三论》，给"一分为三"研究画上了圆满的句号。

庞朴认为："世界在本质上是统一的，同时又是三分的；统一是三分的统一，三分是统一的三分。源远流长、博大精深的中华文化，其密码也正是一个'三'字。"

引领简帛文献研究

庞朴先生在对出土简帛的整理和解读方面也做出了突出贡献。1973 年长沙马王堆汉墓发掘后，庞朴对马王堆帛书和郭店楚墓竹简做了深入研究，指认出其中属于思孟五行学说的篇章，证明子思、孟子的五行说为"仁、义、礼、智、圣"，解开了思孟五行说等千古谜团。1998 年《郭店楚墓竹简》出版后，庞朴又对荆门郭店竹简进行认真细致的研究，做出了儒家三重道德论、从心旁字看思孟学派心性说、"仁"范畴的演化等一系列关于儒家思想的精辟论述。这些研究博得了海内外学者的普遍赞誉，他也成为该领域备受推重的权威学者。为促进中国出土简帛的研究和发展，在庞朴的倡议下，国际简帛研究中心和简帛研究网站得以创办，海内外简帛学研究者自此有了交流学术思想和研究心得的权威平台。后来，庞朴将出土文献与"一分为三"说相结合，总结出了完整的儒家道德学说体系。他认为，儒家三重道德分别是：人伦道德（六德）、社会道德（四行）、天地道德（五行）；并指出，人伦道德乃人作为家庭成员所应有，社会道德乃人作为社会成员所应有，天地道德乃人作为天地之子所应有。

> 游思天人际，幸留高文垂千古；
> 管领绝续间，又伤学苑弱一人。

山东大学儒学高等研究院的挽联表达了学界对庞朴先生一生学术成就的褒奖。斯人已去，思想永恒！

20 中国科学院院士——彭实戈

彭实戈（1947 ~），原籍汕尾市海丰县，生于山东省滨县；1971 年就读山东大学物理系，1978 年到山东大学数学研

究所工作，1983 年入读法国巴
黎第九大学，1986 年获巴黎第
九大学数学与自动控制三阶段
博士学位和普罗旺斯大学应用
数学博士学位；1989 年任复旦
大学博士后研究员、山东大学
数学与系统工程学院教授、博
士生导师、山东大学数学研究
所所长、金融研究院院长；
1999 年获教育部"长江学者
奖励计划"首批特聘长江教

彭实戈

授，2005 年当选中国科学院院士，现任山东大学经济学院院
长、山东大学齐鲁证券金融研究院院长、山东大学泰山学堂院
长、国务院学位委员会学科评议组成员。

　　彭实戈院士的主要研究领域为概率论、控制论与金融数
学。他建立了一般随机最大值原理，解决了随机控制理论中长
期未解决的公开问题；创立倒向随机微分方程理论，提出并证
明了非线性 Feynman-Kac 公式，建立动态非线性数学 g 期望
（又称作 Peng 期望）理论，促进了概率论的发展；创立了非线
性期望下的 G 正态分布和 G 布朗运动的随机分析理论基础，
是对 1933 年柯尔莫哥洛夫建立的概率论公理体系的基础性的
重要推广；并将上述成果应用于研究动态金融产品定价和风险
度量。以彭实戈院士为第一负责人的国家自然科学基金委
"九五"重大项目"金融数学、金融工程和金融管理"有力地

推动了"金融数学"这门新兴学科在中国的发展。彭实戈院士现为国家"973 计划""金融风险控制中的定量分析与计算"重大项目首席科学家。

2010 年 8 月 19～27 日，四年一次的第二十六届国际数学家大会在印度南部城市海得拉巴城举行。当地时间 8 月 24 日上午，受国际数学家大会组委会主席 M. S. Raghunathan 教授的正式邀请，中国科学院院士、山东大学数学学院彭实戈教授，在大会上做了题为 Backward Stochastic Differential Equations, Nonlinear Expectation and Their Applications 的大会报告。在该大会的历史上，彭实戈院士是第一位被邀请做 1 小时报告的中国大陆数学家，这份邀请历来被全球数学家视为殊荣。

报告从当地时间上午 11 点 30 分正式开始，由国际著名数学家、阿贝尔奖获得者、美国纽约大学数学系 S. R. S. Varadhan 教授主持。Varadhan 教授首先介绍了彭实戈院士的学习及工作经历、研究领域和学术贡献，随后彭实戈院士开始报告。彭实戈院士首先向大家介绍了非线性数学期望的背景，从一个公众著名的疑惑——为什么正态分布会被大家广泛使用——出发，引入了非线性中心极限定理、非线性大数定律、G–正态分布、G–布朗运动以及 G–数学期望下理论，构建了概率和统计模型不确定情况下的随机计算和分析的理论基础。然后彭实戈院士向大家介绍了由他与合作者一起创立的"倒向随机微分方程理论"以及这一理论在不同研究领域的最新进展。最后，彭实戈院士耐心地解答了现场专家提出的关于"非线性 Feynman-Kac 公式与著名的 Black-Scholes 公式之间关系"等学术问题。1 小时的报告圆满成功。彭实戈院士在国际数学家大会 1 小时报告充分显示了中国数学家在非线性数学期望理论及倒向随机微分方程领域已取得国际领先水平，而彭实戈院士无疑已成为相关研究领域的国际领袖数学家。

国际数学家大会（ICM）由国际数学联盟（IMU）主办，每 4 年举行 1 次，至今已有 112 年的历史。首届大会于 1897 年在瑞士苏黎世举行，1900 年巴黎大会之后，除两次世界大战期间外，未曾中断过，它已成为最高水平的全球性数学科学学术会议。2002 年第二十四届国际数学家大会在中国北京举行。

四　桃李芬芳

1　罗荣桓元帅的母校

　　罗荣桓（1902～1963），湖南衡山人，久经考验的忠诚的共产主义战士，坚定的马克思主义者，伟大的无产阶级革命家、

政治家、军事家，中华人民共和国元帅，党、国家和军队卓越领导人。

　　罗荣桓是山东大学最著名、最优秀的校友之一，他是私立青岛大学首届学生。私立青岛大学是由青岛胶澳督办高恩洪和地方绅士于1924年创办，校址设在德国所建的俾斯麦兵营，学校设工科、商科，

罗荣桓

学制 4 年。

1924 年，罗荣桓考入私立青岛大学（后并入国立山东大学）工科预科。他学习刻苦，各门成绩都很突出。

1925 年春，他和彭明晶、张沈川等组织了"三民实业社"，倡导实业救国。4 月 19 日，青岛日本大康纱厂的工人，为了抗议日本资本家残酷压迫、剥削工人，开除、逮捕和私刑拷打工会积极分子，举行大罢工。日本帝国主义制造了震惊中外的"青岛惨案"。消息传来，罗荣桓、张沈川等义愤填膺。当天晚上，他们召集学生大会，选举学生会，宣布罢课。罗荣桓和张沈川被选为学生会负责人。罗荣桓、张沈川、彭明晶率领同学们走上街头，向群众揭发纱厂惨案真相，进行反帝宣传和救助罢工工人募捐活动，支援纱厂工人的罢工斗争。

上海"五卅惨案"发生后，罗荣桓参加了"青沪惨案"后援会。他白天带领演讲队在街头巷尾散发小报、传单，演讲青沪惨案的惨状，募集救济金，慰问死难者的家属，晚上又参加演剧队的工作。经过紧张的准备，同学们在一个戏院里演出了《茶花女》和《可怜闺中月》，戏票义卖的钱交到了"青沪惨案"后援会，用来支援青岛和上海工人的斗争。同年 6 月中旬，罗荣桓受青岛学生联合会的委托，还与彭明晶分赴北京、上海，向两市人民介绍了"青岛惨案"的真相，受到北京、上海市民的热烈欢迎。私立青岛大学是罗荣桓革命斗争的起点，从此，他便走上了职业革命的道路。

1926 年罗荣桓从私立青岛大学结业，1927 年参加革命，同年加入中国共产党。他参加过秋收起义、井冈山斗争、红军长征，经历了抗日战争、解放战争、社会主义革命和建设；历任红四军政委、红一军团政治部主任、八路军——五师政治部主任和政委、中共中央山东分局书记、东北野战军政委、第四野战军第一政委、中共中央华中局第二书记、中央人民政府最高检察署检察长、解放军总政治部主任兼总干部管理部部长等职，为第一、二届全国人大常委会副委员长，第一、二届国防委员会副主席，解放军政治学院院长，中共第七届中央委员，第八届中央政治局委员。1955 年，罗荣桓被授予元帅军衔。

2012 年山东大学举办《怀念罗荣桓元帅诞辰 110 周年展览》，缅怀罗荣桓元帅的丰功伟绩，激励山东大学师生把学习和工作搞好，争取早日把山东大学建设成世界一流大学！

2 国学泰斗——季羡林

季羡林（1911～2009），字希逋，又字齐奘，山东清平（现临清市）人，著名语言学家、教育家、翻译家、社会活动家，精通 12 国语言；曾历任中国社会科学院哲学社会科学部委员、北京大学副校长、中国社会科学院南亚研究所所长，第二、三、四届全国政协委员，第六届全国人大常委。他是当代中国社会科学界泰斗，山东大学附属中学校友。

1926 年，奉系军阀张宗昌督鲁，为顺应潮流，6 月 30 日下令在济南重建山东大学。山东省教育厅 7 月 30 日将省立工业、农业、矿业、商业、医学、法政六个专门学校合并，改建

为省立山东大学。山东省第
一、第二、第六、第十，四个
中学高中部，组建为山东大学
附属中学。山东省督办府委派
省教育厅厅长、前清状元王寿
彭任校长。

1926 年，季羡林在正谊中
学初中毕业后，考入新成立的
山东大学附属高中。当时的山
大附中教师，可为极一时之选。
国文教师王崑玉，英文教师尤

青年时期季羡林

桐，史化老师祁蕴璞，伦理老师鞠思敏、完颜祥卿等，有这样
一批阵容整齐的优秀老师，再加上学校用了原职业中学的校舍，
周围环境优美如仙境，荷塘遍布，垂柳蔽天，是念书再好不过
的地方。季羡林到了这所中学，学会了用功，再也不去荷塘钓
虾、捉蛤蟆了，他后来回忆说：

> 我有意识的真正用功，是从这里开始的。我是一个很
> 容易受环境支配的人。在小学和初中时，成绩不能算坏，
> 总在班上前几名，但从来没有考过甲等第一。我毫不在
> 意，照样钓鱼、摸虾。到了高中，国文作文无意中受到了
> 王崑玉先生的表扬，英文是全班第一。其他课程考个高分
> 并不难，只要稍稍一背，就能应付自如。结果我生平第一
> 次考了一个甲等第一，平均分数超过九十五分，是全校唯

一的一个学生。当时山大校长兼山东教育厅长前清状元王寿彭，亲笔写了一副对联和一个扇面奖给我，这样被别人一指，我的虚荣心就被抬起来了。从此认真注意考试名次，再不掉以轻心。结果两年之内，四次期考，我夺了四个甲等第一，威名大振。

为了鼓励学生好好学习，王寿彭曾当众做出承诺：如果哪位学生连续两个学期获得甲等第一名，他就给谁题写一幅字。著名学者季羡林曾在山大附中读书，成绩出众，连续两个学期都得了甲等第一名，王寿彭履行自己的诺言，给季羡林写了一副对联曰："能将忙事成闲事，不薄今人爱古人。"另外还给他写了一个扇面，将清代诗人厉鹗所作一首诗恭录于上。在扇面末端王寿彭题写"录《樊榭山房诗》，丁卯夏午，羡林老弟正，王寿彭赠"。这体现了王寿彭在学问面前的平等理念和对晚辈发自内心的欣赏与呵护之情。季羡林曾回忆说："一个教育厅长兼大学校长的硕学之士，能对一个十六岁的学生称老弟，看来是相当没有架子的，从这一点看，他还是一个开明的人。"作为学生能得到状元的亲笔字，自然倍感殊荣，视若珍品。

山大附中的国文老师王崑玉，是一位对季羡林影响极大的老师。他出的作文题目是《读〈徐文长传〉书后》，要求用文言文，而且尽量模仿桐城派的格调（他是桐城派的古文作家）。季羡林的作文写好以后，意外地得到王崑玉老师的高度赞扬，批语是"亦简劲，亦畅达"。这对季羡林来说是极大的鼓励，蕴藏已久的求知欲得到强烈的刺激。

国文方面，在王崑玉老师的影响下，季羡林对古文产生了浓厚的兴趣，过去被用来读武侠小说的劲头，现在被用到读古文上了。他弄到不少古文的代表作，如韩愈的《韩昌黎集》，柳宗元的《柳河东集》以及欧阳修、苏轼、苏辙、苏洵等唐宋八大家的许多文集，他都开始认真阅读。读《古文观止》的时候，司马迁的《报任少卿书》、陶渊明的《桃花源记》、李密的《陈情表》、韩愈的《祭十二郎文》、欧阳修的《泷冈阡表》、苏轼的前后《赤壁》、归有光的《项脊轩志》等，他都百读不厌，背诵如流，打下了深厚的古文基础。他开始喜欢抒情散文，而且写了不少散文，因此中学同学给他起过一个绰号，叫作"诗人"。对于古文的不同风格，如《史记》的雄浑，六朝文章的浓艳，陶渊明、王维的朴素，庾肩吾的华丽，杜甫的沉郁顿挫，李白的流畅灵动，《红楼梦》的细腻，《儒林外史》的简明，他都注意到无不各擅胜场。从这些名作佳篇中汲取的营养，滋润了他一生的文学创作。

在外文学习方面，由于有尚实的英文学习的底子，别的同学都无法与他竞争。这时，他还开始学习德文，并对外国文学发生兴趣。

1928 年，"济南惨案"之后，山东大学无人负责，经费无着，省立山东大学随即停办，教师和学生大部分散去。山东大学附中也关了门。山东大学附中的学生，转入由附中高中部改设而成的山东省立济南高中（今济南一中），季羡林从此转入济南高中学习，一年后毕业，又得两个学期甲等第一名。高中阶段，季羡林在山大附中学习两年，在济南高中学习一年，是名副其实的山东大学校友。季羡林是山东大学校史上值得骄傲的优秀学生。

3 大师幼年的记忆——丁肇中

丁肇中（1936～），汉族，祖籍山东日照涛雒，美籍华裔，现任中国科学院高能物理研究所学术委员会委员，美国科学院院士，世界著名物理学家，山东大学、中国科学技术大学名誉教授。

丁肇中一家与山东大学有着千丝万缕的联系。丁肇中的外祖父王以成曾求学于齐鲁大学的前身登州文会馆；丁肇中的父亲丁观海既是山东大学的学生，又曾两次任教于山东大学；而如今丁肇中又被山东大学聘为名誉教授。

1994年，功成名就的丁肇中教授受邀首次访问山东大学，时隔10年后，2004年2月，丁肇中教授第二次来山东大学访问。丁肇中教授第二次访问山东大学时，对山东大学有关学科的科研情况进行了认真细致的考察，并与山东大学签署了AMS国际合作项目的

丁肇中

合作协议。此后，丁肇中于 2004 年、2005 年、2006 年、2008 年、2010 年、2011 年、2014 年多次访问山东大学。

丁肇中教授为什么对山东大学这么有感情，这么关心呢？这是因为山东大学是他的家，他们一家三代人都与山东大学有着很深的历史情缘，他的外祖父、他的父亲都曾在山大学习或工作过。

丁肇中的外祖父王以成（1877～1912）——辛亥志士，字筲九，山东海阳人，同盟会早期会员，抗清志士。1897 年，王以成考入登州文会馆，后东渡日本学习土木工程，由丁惟汾介绍加入同盟会。1908 年回国，王以成任津浦铁路工程师，著有《论铁路工程》等；1911 年任《国风日报》编辑。武昌起义爆发后，他奔走于天津、山东等地，联络王长庆等组成民军，欲光复胶东诸县。1912 年，王以成发动诸城起义，组成军政府，因寡不敌众，被俘遇难。其女王隽英（丁肇中母亲）由丁惟汾收养。

丁肇中的父亲丁观海先生既是山东大学的学生，也曾在山东大学执教过。2004 年 2 月 27 日，一个春光明媚的上午，山东大学学校南门上方悬挂着的"热烈欢迎山东大学名誉教授、诺贝尔物理学奖得主丁肇中再访山大"红色条幅在春风中飘荡，向人们昭示着山东大学的这位贵宾的到来。丁肇中教授此次是专程到山东大学就该校加盟他的 AMS 太空试验项目研究进行考察的。在丁肇中教授来山大做学术演讲结束时，展涛校长赠送他一件珍贵的礼物——档案复印件（这件礼物是从山大档案馆和人事处档案室以及山东省档案馆收藏的档案中搜集、整理并汇集成册的）。这份档案复印件，上面详细地记录着丁肇中之父丁观海先生在山大求学和执教经历，即将其父丁观海先生当年在山大学习、工作的 86 张档案资料复印装订成册，制成精美的礼物。当丁肇中接过这本精美的礼物时，顾不得正在进行的欢迎仪式，立即埋首一页页翻阅起来。当他翻完最后一页，脸上露出了惊喜的微笑，并意味深长地说："我原来只知道父亲在山大执过教，从这份档案中才获知父亲也是山大的毕业生。中国有句古话'树高千尺，叶落归根'，我是'树高一丈，叶落归根'。"

丁肇中的父亲丁观海，是著名土木工程学教授，但他最初在山大学的是中文。丁观海先生是国立山东大学的第一届毕业生。1929 年，丁观海考取上海光华大学物理系；学习 1 年后，1930 年考入国立青岛大学（1932 年改为国立山东大学）中文系，学号为 23230，与臧瑗望（臧克家）成为同班同学。当时的国立山东大学人才济济，名师荟萃，学风严谨朴实。校长杨振声倡导"兼容并包""科学民主"的办学方针，积极延聘专家、学者来校任教，以提高学校的学术地位。由于学习成绩突出，丁观海被留校继续研究工作。此后，丁观海又先后考入上海交大和自费到美国密执安大学学习土木工程。1935 年春，丁观海先生与公费赴美留学的恋人王隽英女士结为伉俪，并同留密执安大学攻读研究生，获硕士学位。

1936 年 1 月 27 日，王隽英早产，在美国生下了丁肇中，这个意外使丁肇中成了美国公民。丁肇中出生两个月后，王隽英带着他回国与父亲团聚。1936 年 8 月，丁观海受聘回到了母校——山东大学，任土木工程系讲师，讲授应用力学、投影几何、工程制图、工程材料、材料试验等课程。

1937 年 7 月，抗日战争爆发。11 月，山东大学奉命迁往安庆，不久又迁至四川万县。丁观海先生带着妻子王隽英、儿子丁肇中先到南京，后又到芜湖，不久，又举家渡江北上，到达合肥。1938 年，他们辗转汉口，西去四川，在万县的山东大学继续任教。1938 年 12 月，丁观海受聘到重庆大学任教。1946 年春天，山东大学在内迁停办八年之后在青岛复校。丁观海作为复校后的山东大学首批受聘教授，于 1946 年 8 月再次回到山东大学，在工学院土木工程学系任教授。1947 年，丁观海辞职离开山东大学。1948 年春，丁观海应台南工学院之聘，赴台湾。

这位在国际上赫赫有名的著名物理学家丁肇中先生，山东大学的师生对他不仅有一种敬重、崇拜的心情，更有一种亲切、亲近的感觉。丁肇中是山东人，也是山大人。也正是由于这种特殊的关系，丁肇中教授这几年经常来山东大学，每次来都要为学生做精彩的报告，深受学生的欢迎。

4 俞启威与山东大学抗日爱国运动

人们谈起山东大学，就会怀念 20 世纪 30 年代的辉煌。山东大学前身是国立青岛大学。30 年代初，尽管国立青岛大学刚刚成立，但是，学校有知名的校长，有一大批著名的专家学者在此执教，如闻一多、梁实秋、沈从文、赵太侔等，有完善的学科和严格的管理以及严谨的校风、学风，学校呈现出良好的发展势头。学校也培养了一大批优秀的人才，著名的老一辈革命家黄敬就是其中典型代表。

黄敬，原名俞启威，国立青岛大学 1931 级物理系学生。山东大学档案馆存有一份俞启威的学籍档案。

在"学生注册表"一栏，载有以下信息。学号：24047；姓名：俞启威；性别：男；年岁：23；入校年月：二十年九月；入校年级：一；入校前经过之学校（高中）：省立第六师范，已毕业；永久通信处：南京西华门头条巷 31 号；家长（姓名）：俞大纯，关系为本人之父。

在"学生在校经历"一栏，载有：经过 1931 年入学考试入学，投考地址为青岛；民国 20 年 9 月至民国 21 年 6 月，理学院物理学系，一年级；民国 21 年 9 月至民国 22 年 6 月，文理学院数理学系，二年级；民国 22 年 9 月至民国 23 年 6 月，文理学院，三年级。民国 22 年 9 月，因家境贫寒，休学一年。民国 23 年 5 月 19 日，因转学退学。

在"学生历年成绩总表"中，载有两个学年度成绩，记有党义、国文、德文普通物理、普通化学、初等力学、微积分、军事训练、体育、立体解析几何、高等微积分、微分方程式、理论力学、电磁学、初级光学等 20 多门课程、54 次考试成绩，共获得 95 个学分。

根据《国立青岛大学学则》规定，文理学院的数、理、化、生四系的学生，必须修满 165 学分，四年方能毕业。从俞启威的学籍档案看，他两年已修完了 58% 的学分。其成绩也是比较好的。因为我们无法与其他学生的成绩比较，但有一点是可以肯定的，他完全符合学校升级的条件。

当时，国立青岛大学实行严格管理和严苛的学分淘汰制。

《学则》规定："凡一学期中于某学程缺课逾三分之一或旷课满五小时者，不得参与该课程之学期实验，并不得补考"，"学生全年学程有三种不及格或必修学程二种不及格者，令其退学"。这个规定被称为"学分淘汰制"。从档案记载中，1930 级的淘汰率高达 42.5%，应该是惊人的。

1933 年 9 月，俞启威休学一年；1934 年 5 月转学到北京大学数学系。俞启威为什么休学？为什么在休学中有转学？这与他的特殊身份、经历有关。

中共国立青岛大学支部是什么时间成立的，我们尚不能确定。但是，1931 年 9 月，国立青岛大学就已经有了学生支部。有人断定，这可能是大学生中第一个党支部，我们没有做更多考证，不敢断言。这时，中共青岛大学支部的党员有：王弢、俞启威、李香亭等。

据档案资料证明，1930 年秋冬，国立青岛大学曾因假文凭开除学生，引发了学生罢课抗议。1930 级生物系学生王弢（即王林），是这次学潮的主要组织者。当时校方称之为"共产党暴动"，借故开除学生，有 60 余人被除名。

"九一八"事变发生后，国立青岛大学师生群情激愤、怒不可遏，同北京、上海高校一样，掀起了声势浩大的抗日爱国运动。中共国立青岛大学支部在上级党组织的领导下，在运动中起到了发动和组织、引导作用。学生党员王弢、俞启威、杨翼心（杨希文）、李香亭、张维之、李林等成为国立青岛大学、国立山东大学的学生运动领袖。

1931 年 10 月 1 日，国立青岛大学成立"抗日救国会"，教育学院学生李仲祥（李林）任主席，选出 15 名师生组成执行委员会，具体组织抗日救国运动，并通电全国，要求南京政府停止内战，"对日宣战"。

同年 11 月下旬，随着日本侵略的步步扩大，东三省大部分领土失陷，全国抗日救国运动又呈高涨。此时，北京、天津等地学生纷纷南下晋京请愿，要求国民政府抗日收复失地。11 月底，青岛大学"抗日救国会"向学校提出全体晋京请愿的要求。

1931 年 11 月 30 日下午 5 时，青岛大学召开第三十六次校务会议，就"本校抗日救国会拟全体晋京请愿应如何处理案"进行研究，学校决议"适据本市市政府转送北平电报二通，时局已见缓和，本校学生无全体请愿必要。如派遣请愿团人数在三十人以内时，得由抗日救国会提出名单送请教务处核准"。同时，会议还对"本校应举行抗日救国周"问题进行讨论，全体一致同意，对学生的要求采取妥协的办法。

由于学校对抗日救国会的请求给予有保留的支持，学生则要求全部参加请愿，双方形成了矛盾，于是抗日救国会宣布全校罢课，内部矛盾进一步激化。1931 年 12 月 2 日，抗日救国会组织 179 人请愿团，抢占了火车，赴南京请愿。

青岛大学晋京请愿团的学生乘火车途经济南、泰安、徐州等地。请愿学生利用停车时间，向社会各界宣传抗日主张，受到群众的欢迎和支持。到达南京后，青大学生和平津来京请愿的学生一道，在南京国民政府门前静坐 4 个小时，最后由国民党中央委员于右任接见了请愿团，并把请愿团带到了国民党中央军校。蒋介石在中央军校大礼堂接见了请愿团，并发表了讲话，声称"三年之内如果不赶走日本，收复东北失地，当割蒋某之头以谢天下"。

对于青岛大学晋京请愿活动，南京国民政府非常不满。请愿学生刚刚返校，南京政府就于同年 12 月 17 日电令国民党青岛市政府"转告学生求学救国"，要求"各尽其责，勿越法规"，镇压学生反日爱国运动。青岛大学在接到青岛市政府转来的南京政府命令后，对部分学生给予了纪律处分。

1932 年春，中共国立青岛大学支部根据中共青岛市委指示和前两次罢课斗争的经验，先后组织了"读书会"和"时事讨论会"，成立业余的"海鸥剧社"，以便团结和联系群众，扩大中国共产党的政治影响。5 月 28 日，"海鸥剧社"在学校首次举行公演，演出剧目《工厂夜景》和《月亮上升》，观众千余人，在校内外产生了广泛的积极影响。

1932 年夏，中共青岛大学支部组织了一次更大规模的罢课。罢课结束后，军警到学校逮捕学生，一批学生运动积极分子逃跑了。俞启威没有暴露，留下来坚持斗争，并担任中共青岛大学学生党支部书记。俞启威"这人很聪明，他和王弢的关系很好，和一般同学也都很好。他的活动很隐蔽，所以没有暴露。同时利用教务长的关系，没有被开除，留在那里坚持"（李林回忆）。"俞启威在会议中不轻易发言，但在解决问题的主要关节上，提出最中肯的意见，启发大家把问题讨论得更周到。"

在国立青岛大学，俞启威有得天独厚的条件，便于活动，便于隐蔽。他的姐夫赵太侔，时任国立青岛大学教务长。1933年秋休学，以及在休学中转学到北京大学，都与其姐夫的帮助有关。俞启威利用特殊的身份，利用"海鸥剧社"作掩护，发展党员，开展工作。他先后发展学生运动积极分子张维之（张振纲）、李林（李仲祥）、李云鹤等入党。

1933 年 3 月，中共青岛临时市委建立，李俊德任书记，王经奎、俞启威为委员，俞启威任宣传部长。1933 年夏，因叛徒出卖，俞启威被捕入狱，经营救出狱后离开青岛去上海。

5 当代诗魂——臧克家

臧克家（1905～2004），山东潍坊诸城人，曾用名臧瑗望，笔名少全、何嘉；近代杰出诗人、著名作家、编辑家，忠诚的爱国主义者，山东大学杰出校友。

臧克家

1930 年臧克家以国文 98 分、数学 0 分被山东大学破格录取。当时，闻一多先生是国文系主任，他慧眼识奇才，认为虽然数学得 0 分，但凭借国文考卷上看破人生幻光的杂感，就能发现这位青年身上潜在的才气。这在山东大学新生录取史上，是一个例外。正是由于这一个例外，使臧克家跨上了一个新台阶，确定了他的人生道路，造就了世纪诗魂。

臧克家在山东大学学习期间，除了学好功课外，就是向闻一多先生学习写诗。学习怎样想象，怎样造句，怎样去安放一个字。闻一多先生教导他说，下一个字像下一个棋子一样，一个字有一个字的用处，决不能随便安置。敲好了它的声音，配好了它的颜色，审好了它的意义，给它找一个只有它才适宜的位置，安放好，安放牢，任谁看了只能赞叹却不能换掉它。他常常捧着自己值得一看的诗去向闻先生求教，闻一多先生指点诗的好处、缺点，与西洋著名诗人类似的诗句相比较，在认为好的诗句上画个红圈。有一次，臧克家去拜访闻先生，正碰上闻先生焚诗，闻先生说是"不成熟的诗"一定要毁掉，臧克家遂被先生的严格感动，回来后就烧掉了自己的诗稿，臧克家曾经说："我的诗是从火中开始的。""闻一多先生，在做人、做学问、写作方面，都是我的老师，令我十分钦佩！"

臧克家常常说，他是非常幸运的，因为他遇到了很多优秀老师。没有他们的指导、提携、倾心帮助，他可能一无所成。臧克家很感谢他的每位老师，每每谈起恩师，他总是脸色红润，眼睛湿润，仿佛回到他展露才华的青年时期，置身在青岛的红瓦绿树之间，他的心"沉浮在记忆的大海之中"。闻一多、王统照、梁实秋、萧涤非、沈从文等诸位先生都对他帮助很大。王统照先生待人重友谊、真诚，并对臧克家鼓励、奖掖，不遗余力，臧克家经常捧着诗去向他求教，他还是《烙印》的鉴定者、资助者和出版人。在国文系，臧克家跟沈从文先生学小说史，跟游国恩先生学《楚辞》，跟梁实秋先生学外语，跟丁山先生学古文字学……山东大学丰厚的学术土壤，给他以良好的教育，也为他成为杰出的诗人奠定了基础。还有在他毕业前后到山东大学任教过的老舍、洪深、王统照、赵少侯、孙大雨诸先生，都是他尊敬的前辈，后来他们成为亲密的朋友，结下了深厚的情谊。臧克家后来在回忆这一段生活时说："我跟闻先生读书学习，时间不长，也不过二年，但他给我的影响很大，印象极深……可以说，没有闻一多先生，就没有我的今天。"

正是大师们的教诲提携，臧克家陆续写作并发表了《忧患》《希望》《生活》《烙印》《不久有那么一天》《老马》《老哥哥》等许多诗篇，他真的也没有辜负闻先生对他的期望。1933 年，他从所写的诗中精选了 22 首结集为《烙印》，在闻一多、王统照、王笑房诸先生指导资助下，自费出版。闻先生为之作序，王统照先生还做了这本书的发行人。《烙印》出版后，得到了闻一多、梁实秋、茅盾、老舍、韩侍桁诸多名家的肯定和赞扬。闻先生不仅资助了 20 块大洋，还为诗集写序，热情地肯定了他的诗"没有一首不具有一种极顶真的生活的意义"。《烙印》的出版使臧克家成为 1933 年诗坛引人注目的一颗新星，也可以说是山东大学最耀眼的学生。

臧克家曾说："我和山东大学真有缘分。祖孙四辈在这里受教育，又在这里教书育人。"臧克家的父亲臧统基是山东大学的前身山东法政学堂毕业的；而臧克家他的儿子臧乐源和臧乐安也是山东大学的学生；臧乐源的女儿臧耕也毕业于山东大学。臧克家为此深感自豪，也衷心感谢山东大学对自己一家四代的培养。

作为山东大学的校友，臧克家对母校始终怀有深厚的感情。他多次写诗作文，回忆在母校求学深造的难忘岁月，怀念给予他辛勤教诲的师长，时刻不忘母校对自己的培养教育，并应邀多次参加母校的活动，表现了一位学子对母校的由衷眷恋。臧克家还非常关心年轻一代的成长，经常为母校的学生刊物题词、赠诗，与山大学生保持着密切的交往。

臧克家曾深有感情地回忆说："在青岛山东大学学习的四年多时间里，是我人生道路上非常重要的一段。在那里我找到了'自己的诗'，形成了自己的风格，走上了文学创作的道路。"

出于对山东大学的深情厚谊，臧克家先生的子女臧乐源、臧乐安、臧小平、郑苏伊 4 人，秉承先生的遗志，协商一致，将先生生前收藏的珍贵名人字画及遗物一并捐给山东大学永久保存。2013 年 10 月 15 日，山东大学在接受臧克家先生遗物捐赠仪式上，决定建立臧克家先生纪念馆，对臧克家先生遗物长期收藏展出；设立臧克家先生基金，奖励学生的优秀文学作品；将每年 10 月 8 日设立为臧克家日，举办相应的纪念活动。

2014 年 11 月 26 日上午，中共中央总书记、国家主席、中央军委主席习近平在北京人民大会堂亲切会见参加全国离退休干部先进集体和先进个人表彰大会的代表，并发表重要讲话。臧克家的长子臧乐源教授作为"全国离退休干部先进个人"代表参加会见。

臧克家先生是大师级的诗人，他的作品多次获奖，曾获中国作家协会首届文学期刊编辑荣誉奖、首届"厦新杯·中国诗人奖"终身成就奖、"国际炎黄文化研究会首届龙文化金奖"终身成就奖、第七届今世缘国际诗人笔会颁发的"中国当代诗魂"金奖,他主编的《毛泽东诗词鉴赏》获全国图书"金钥匙"奖和第五届中国图书奖一等奖。他还被世界诗人大会和世界艺术文化学院授予荣誉人文学博士。

五　创建一流

1　创建世界一流大学战略规划

2010 年 7 月，《国家中长期教育改革和发展规划纲要(2010~2020)》（以下简称《教育规划纲要》）颁布实施，这是新世纪中国教育事业的第一个纲领性文献。《教育规划纲要》把建设高等教育强国、创建世界一流大学的历史任务更加现实而紧迫地摆在了中国高等教育面前。基于国家经济社会发展的需要及山东大学发展的内在逻辑要求，学校认为建设世界一流大学已成为山东大学义不容辞的选择，并适时提出"到建校 120 周年时把山东大学初步建成世界一流大学"的战略目标。未来 10 年是山东大学创建世界一流大学的战略机遇期、关键期和攻坚阶段，必须深刻认识学校面临的发展形势，科学制订并实施《山东大学创建世界一流大学战略规划(2011~2020)》（即"攀越计划"）。

发展机遇与严峻挑战

第一，文明转型、民族复兴为我校跨越式发展提供了重大历史机遇。

（1）人类文明的深刻转型，为一流大学建设带来了前所未有的历史机遇。高等教育的发展离不开人类文明与科学的发展。当今人类社会的文明转型，迫切需要人文社会科学提供新的价值观，迫切需要自然科学提供强有力的理论、技术支撑，迫切需要更深层次的文明对话和文化交融，这必将为山东大学带来前所未有的发展机遇。

（2）中华民族的伟大复兴，为高等教育事业飞速发展提供了千载良机。经济的发展与高等教育的发展互为因果、相辅相成，新的经济中心的出现必然伴随着一流大学集群的发展。世界经济增长中心正逐渐从西方向东方转移，中国已经成为全球第二大经济体，这必然会带动中国的高等教育迅猛发展，并随之产生一批世界一流大学。"985 工程"首批重点建设的 9 所高校在许多重要学术指标上已接近或达到美国大学协会（AAU）60 所研究型大学的平均水平。中国经济的迅速发展、中华民族的伟大复兴为山东大学创建世界一流大学提供了重大机遇。

（3）国家对高等教育的高度重视，为学校创建世界一流大学提供了根本保障。21 世纪前 20 年是中国高等教育发展的重要战略机遇期，在科教兴国战略、人才强国战略和创新型国家战略指引下，国家对高等教育的扶持力度空前加大。《教育规划纲要》进一步明确了教育优先发展的战略地位，中央和地方将大幅度增加教育投入。作为国家重点建设大学，学校能获得及可争取的办学资源必将大幅增加，为创建世界一流大学提供重要的支撑条件。

第二，百年积淀奠定了学校跨越式发展的厚实基础。

山东大学作为中国现代高等教育的起源性大学之一，百余年来创造了多次辉煌。进入新世纪，原山东大学、山东医科大学、山东工业大学三校合并组建成新的山东大学，学校秉持先进的办学理念，不断深化体制机制改革，推进全方位开放，教学科研水平显著提高，社会影响日益扩大，书写了充满希望的新篇章。

（1）具有优良的办学传统。山东大学自开创之初就确立了"为天下储人才，为国家图富强"的办学宗旨。百余年来，深受齐鲁文化尤其是儒家文化的滋养，历代学者严谨治学，学校依法治校，形成了"崇实求新"的优良校风，学术名师层出不穷，学术贡献蜚声国际，山东大学已成为中国文化科教的重镇之一。

（2）部分学科初具优势。学校致力于学术振兴，促进学科间的交叉融合，培育新的学科增长点，取得了显著成效。学校现有8个学科进入ESI排名前1%，有2个一级学科国家重点学科、14个二级学科国家重点学科、3个国家重点（培育）学科，有2个国家重点实验室、1个国家工程实验室、3个国家工程技术研究中心和4个教育部人文社会科学创新基地，形成了初具特色和一定优势的学科体系。

（3）拥有独特的地缘优势。山东大学地处作为中国传统文化主体的儒家文化发祥地，便于学校汲取博大精深的齐鲁文化营养。山东省作为中国东部沿海经济较发达地区，是京津沪宁的重要联结点，便于学校利用京津和沪宁两大学术中心的资源。山东半岛蓝色经济区和黄河三角洲生态经济示范区已先后上升为国家战略，为学校的发展提供了优良的土壤和发挥支撑作用的广阔空间。

第三，创建世界一流大学面临的严峻挑战。

虽然山东大学校已经具备较好的发展基础，但与世界一流大学的差距仍然巨大，即便与世界排名 100 位左右的准一流大学相比，仍有较大差距，主要表现在以下 5 个方面。

学科水平：排名世界前 100 位的大学，一般都有 15 个以上学科进入 ESI 排名前 1%，并且有 3 个以上学科进入世界前 50 位。我校目前只有 8 个学科进入 ESI 排名前 1%，且排名均比较靠后，更缺乏国际一流学科，学科话语权、科研主导权处于明显弱势。

师资队伍：世界一流大学均有卓越的师资队伍，一般有十几名乃至数十名领袖学者，而我校高水平的学术大师和具有国际影响力的学术带头人相对匮乏，师资队伍的学术实力与世界一流大学差距巨大。

国际交流：世界一流大学国际化程度都非常高，其外籍教师一般占教师总数的 1/3，留学生占在校生 1/4。与之相比，学校国际合作与交流的规模和层次较低，吸引世界优秀师资和优秀学生的能力有待进一步提高。

支撑条件：世界一流大学都有充足的办学经费和良好的基

础设施，年度生均办学经费一般为十几万美元。与之相比，学校办学经费严重不足，物理空间局促，办学的硬条件和某些软环境缺乏吸引力。

体制机制：与世界一流大学完善的现代大学制度相比，学校还没有建立与研究型大学相适应的管理体制和运行机制。没有真正形成可进可出、可上可下的人事管理制度，学术评价和学术决策咨询机制有待进一步完善，管理层级过多，管理队伍结构不合理，服务意识有待进一步提高。

如何抓住重大历史机遇，克服上述困难与不足，是学校必须直面的严峻挑战，我校创建世界一流大学的历程必然是一个不断攻坚克难的攀越之旅。

指导思想与发展战略

第一，学术立校、质量发展的指导思想。

秉承"为天下储人才，为国家图富强"的办学宗旨，坚持办学兴校以教师为本、教育教学以学生为本、学校管理以服务为本的办学理念，坚持"内涵发展、质量发展、特色发展"的发展理念，坚持"学术立校、人才强校、特色兴校、依法治校"的发展战略，按照建设"创新型国家""人力资源强国"和《教育规划纲要》的要求，推动学校各项事业实现跨越式发展。

第二，初步建成世界一流大学的战略目标。

到建校 120 周年前后，初步建成世界一流大学，主要办学指标位居国内高校前列，并接近或进入世界百强。为此，必须完成以下任务。

会聚和造就一批站在世界科学技术前沿的学术领军人物，建设一支国际化、高水平的师资队伍。

建成一批世界一流的学科和学科群，产出一批具有国际影响的标志性成果。

创新人才培养模式，培养一大批具有国际竞争力的高素质创新人才。

创新办学模式，构建山东大学系统；大力拓展发展空间，根本改善办学条件；大幅增加学校财力，支撑事业发展需求；深化体制机制改革，建立并完善与创建世界一流大学相适应的现代大学制度。

把山东大学建设成为国家高素质人才培养的重要基地、高水平科学研究和技术创新的重要平台、文化传承创新的重要中心、国际合作与文明对话的重要窗口、支撑国家和地方经济社会发展并推动人类文明进步的学术重镇。

第三，先夯实基础，后实现跨越的战略步骤。

山东大学创建世界一流大学的进程分三步走。

第一步，在"十二五"（2011~2015）期间，以条件建设和体制改革为主题，夯实发展基础。重点推进青岛校区建设，拓展办学空间，建成济南、青岛、威海三地办学、一体发展的山东大学系统；创新体制机制，构建现代大学制度；延揽造就杰出学者，加快发展重点学科，凝练办学特色，使重要办学指标位次大幅前移，为建设世界一流大学奠定具有决定意义的基础。

第二步，在"十三五"（2016~2020）期间，以跨越发展和全面提升为主题，广聚人才、强化优势和特色，使若干重要办学指标接近或达到世界一流水平，初步建成世界一流大学。

第三步，再经过较长时间的努力，到建校 150 周年时，全面建成世界一流大学，主要学术指标进入世界高校 50 强。

核心任务与战略重点

第一，推进"学术振兴行动计划"，打造若干国际一流学科。

坚持"以人为本、强化优势、注重交叉、激励创新"的方针，面向国际科技前沿、面向国家战略目标、面向经济社会文化发展需求，按照人才、平台、科研、体制机制四位一体的发展思路，实施"985 工程""211 工程"和"2011 计划"，扎实推进"学术振兴行动计划"，建设一批有特色、高水平的学科和创新研究基地。逐步建立完善研究型大学的学术组织体系，大力推进协同创新，大幅提升科技创新能力，成为地方区域创新体系的支撑、国家创新体系的重要组成部分。建成一批世界一流学科，入围 ESI 排名前 1% 和具有国际影响力的学科领域超过 15 个，其中，儒学研究成为世界中心，数学、材料、化学、物理、工程等学科领域进入世界百强，形成结构合理、特色突出、优势明显、文理工医协调发展的研究型大学学科体系。

（1）全面振兴古典学术，打造世界儒学中心。在人文学科领域，依靠传统文化优势，抓住世界文明转型和国家推进社会主义文化建设的战略机遇，强化建设"儒学高等研究院"，整合古典学术研究资源，打造全球首屈一指的国际儒学中心；着力发展文艺美学研究中心、易学与中国古代哲学研究中心、犹太教与跨宗教研究中心等人文学科重点研究基地，重点培育考古与文化遗产保护研究院等特色鲜明的新兴交叉研究中心，在若干领域形成山大学派；加强《文史哲》《周易研究》等学术期刊建设，扩大人文学科学术影响力；加强人文学科的学术和文化交流，促进文化融合，增强传承与创新能力，带动中国语言文学、历史学、哲学等学科发展，建设国内一流、拥有国际学术影响力与话语权的人文学科，打造研究和传承中国传统文化最具代表性大学。

（2）面向国家战略需求，建设高水平社会科学学科。在社会科学领域，强化建设山东发展研究院、"当代社会主义"研究基地、"卫生经济与政策研究"重点实验室；积极以国际标准发展政治学、经济学、法学等学科领域，提高学术水平和学术实力；从中选择有特色的优势领域，构建社会科学高端研究平台，建成一批特色鲜明、部分方向达到国际先进水平的国家重点学科；以国家、地方经济社会发展的重大问题为研究对象，加强协同创新，构建若干区域或国别研究中心，强化应用研究，发挥智库作用，广泛提供有价值的决策咨询，服务国家战略和经济社会发展。

（3）构筑面向国际学术前沿的知识创新体系，建设世界一流的基础学科。面向国际学术前沿，重点建设"高等研究院""金融风险"等重点实验室，构建以国家重点实验室、教育部重点实验室为主要架构的知识创新体系；加强基础研究，培育国家重大基础研究项目，注重国际交流与合作，着力解决前沿科学问题，力争取得理论创新和技术突破，产出原始创新成果；推动基础学科之间、基础学科与应用学科之间的互相渗透，显著提升数学、物理、化学等基础学科的核心竞争力，使之成为国际上有较大影响的世界一流学科。

（4）构筑以集成创新为主的技术创新体系，建设特色鲜明、实力雄厚的工程技术学科。面向国家目标和区域经济社会发展需求，强化建设"晶体材料"国家重点实验室、"燃煤污染物减排"国家工程实验室，以及"材料液固结构演变与加工""高效洁净机械制造""大型地下洞室群""电力电子节能技术与装备""电网智能调度与控制"等教育部重点实验室和工程技术研究中心，积极培育"输水工程水质保障与生态修复""大气污染理论与技术""国家服务计算""信息与通信工程技术"等国家急需的新兴工程技术研究平台，形成以国家和教育部重点实验室、工程研究中心为主要架构的工程技术创新体系；依托工程技术研究院建设，实施大学科集成式发展模式，在节能环保、高端装备制造、新能源、新材料、新一代信息技术等战略新兴产业领域，着力构建国家级科技创新平台；加强集成创新和产学研用结合，突破一批制约产业发展的共性、关键技术，为经济社会发展提供不可或缺的技术支撑，成为中国科研开发、技术创新和产业化的重要基地；以平台建设推动工程技术学科快速发展，使材料学科和工程学科整体水平处于世界前列。

（5）构筑生物医学创新平台，建设优势突出的生命学科。建设生物医学研究院，打造生命科学研究高端平台。强化建设"资源生物技术"、糖科学研究中心、综合性新药研究开发技术大平台、"心血管整合生物医学"创新平台、"遗传与生殖医学"等研究平台；重点培育"重大公共卫生问题预防控制技术""神经与精神疾病研究""肿瘤转化医学研究"等关系人类重大健康问题的医学研究平台；充分发挥我校多学科的综合优势，推进医学、药学、生物学的交叉渗透，在资源与环境微生物、心血管重构与功能、生物技术新药等若干研究方向上取得重大突破，解决一批事关人类生存与健康的重要科学问题和关键技术，产生一批具有国际影响的研究成果；形成优势突出的生命科学学科体系，生物学、基础医学、临床医学、公共卫生与预防医学、药学整体达到国内一流水平，部分领域跻身世界一流行列。

（6）加强协同创新，推进产学研合作。结合经济社会发展实际，建立协同创新的长效体制机制，推进产学研结合，为经济社会发展提供道德指引和人才智力支撑，成为促进社会发展的"思想库""人才基地"和"技术孵化器"。

围绕节能环保、生物、高端装备制造、新能源、新材料、新一代信息技术、新能源汽车七大战略性新兴产业，与国内外高端科研机构、企业行业建立战略联盟，构建协同创新平台，广泛开展产学研合作，引领、推动国民经济先导产业发展；抓住建设山东半岛蓝色经济区和黄河三角洲高效生态经济区的重大机遇，对接地方重点发展产业，建立互利共赢、稳定发展的长效合作机制；打造济南、青岛两个大学科技园，强化成果孵化与产业化功能，使之成为重要的高新技术成果产业化和辐射中心；做强做大校办科技产业，争取2~3家优质产业公司成功上市；加强人文社会科学理论和应用研究，与政府及文化企业密切合作，协同创新，为经济社会发展提供高质量、高层次的决策咨询服务，为提升国家软实力和文化产业发展做出贡献；积极探索重大及突发疾病综合防治的新理论、新手段，提高疾病防控与治疗水平，把附属医院建设成为一流的现代化综合医院和深受社会信赖的医疗服务中心，为患者提供一流的健康医疗服务。

学科建设与科学研究主要指标

指标类型	2015 年	2020 年
进入 ESI 排名前 1% 和具有国际影响力的学科领域(个)	10	15
一级学科国家重点学科(个)	10	15
国家重点实验室、国家工程技术研究中心、国家工程实验室(个)	10	15
教育部人文社科重点基地等国家级人文社科研究平台(个)	8	12
年度科研经费(亿元)	16	35
年度 SCI 收录论文数量(篇)	3000	4000
累计获得国家级奖励(自 2011 起)(项)	10	20

第二，落实人才强校战略，建设一流人才队伍。

牢固树立人才资源是第一资源的观念，优化、完善队伍建设的体制机制和配套措施，构建定位明确、层次清晰、衔接紧密、促进人才队伍可持续发展的培养和支持体系。建设结构优化、德才兼备、具有较强学术影响力和国际竞争力的高水平教师队伍、高素质的教辅队伍和具有高度敬业精神的职业化管理队伍。

(1) 调整人力资源结构，推进三支人才队伍协调发展。

基本稳定教职工总数，调整人力资源结构，大幅提高专任教师比例，尤其要花大力气提高顶尖人才的比例，按需增加实验技术等专业教辅人员数量并显著提升队伍素质，精简管理队伍规模，大幅提高管理服务水平。

建立健全岗位分类管理和评价制度；推进全员岗位管理和聘任制；建立和完善以学术业绩和岗位贡献为标准的评价激励机制；建立顺畅的职业发展通道，形成一支具有高度竞争力的人力资源队伍。

（2）实施"十、百、千"人才工程，构建高层次人才队伍体系。围绕学校重点发展的优势特色学科领域，依托"985工程"科技创新平台、哲学社会科学创新基地，培养和引进数以十计的以两院院士、国家"千人计划"特聘教授、山东大学人文社科一级教授为代表的学术领军人才；数以百计的以"长江学者奖励计划"特聘教授、"国家杰出青年科学基金"获得者、山东省"万人计划"第一层次特聘教授、山东省"泰山学者"特聘教授为主的高层次学科带头人；数以千计的包括山东大学"齐鲁学者"特聘教授和教育部"新世纪优秀人才"在内的具有突出创新能力和发展潜力的优秀中青年学术骨干，并大力推进创新学术团队建设，使山东大学成为杰出学者的成长和会聚之地。

（3）加强青年教师教育培养，持续提高师资学术水平。拓展教师海外研修渠道，支持青年教师赴国内外著名大学和学术机构访学，提高教师队伍尤其是青年教师的国际交流与合作能力，显著增加有长期海外学术经历的教师比例；出台政策，鼓励并支持应用学科青年教师到企事业单位进行实际工作历练，丰富知识结构，提高实践技能和创新能力；加大对新聘青年教师的支持和培养力度，支持新聘教师加入高水平创新团队，提高其协作创新能力。

（4）提高新增师资学术水平，优化教师队伍结构。完善新进教师聘用制度，严格教师队伍准入条件，重点招聘优秀的海外留学归国人员、国内著名学术机构的中青年学术骨干及博士后研究人员，从源头把好学校教师队伍的质量关。实施后备师资培养计划，选拔优秀学生作为后备师资，赴海外一流大学师从一流导师攻读博士学位；加强博士后科研流动站建设，吸引海内外优秀博士毕业生来校从事博士后研究工作，培养高层次后备人才；实施"外籍教师聘任计划"，完善讲座教授、兼职特聘教授和流动岗位教师聘任制度，丰富教师队伍组成，大幅度改善学缘结构。

人才队伍建设核心指标

单位：人，%

指标类别	2015 年	2020 年
教职工总数	8300	8800
专任教师总数	4500	5000
具有博士学位的教师比例	80	90
外籍教师人数	200	400
具有海外博士学位和具有长期海外学术经历的教师比例	30	50
院士、千人计划、人文社会科学一级教授	50	100
"长江学者奖励计划"、"国家杰出青年科学基金"获得者、万人计划、泰山学者及相同层次的学科带头人	100	200

第三，推进教育创新计划，培养各界创新精英。

以培养中国最优秀的本科生和富有创造力的研究生为目标，稳定学生规模，调整培养结构，突出培养特色，提高教育质量。完善融知识学习与人格培育为一体的人才培养体系，全面实施教育创新计划，致力于培养一大批品德高尚、素质优良、具有创新精神和国际竞争力的拔尖创新人才。

（1）稳定学生规模，优化人才培养结构。稳定本科生规模，发展研究生特别是博士研究生规模。深化招生制度改革，加大国际（特别是欧美地区）学生招生力度，优化生源结构，大幅度提高本科生和研究生生源质量。优化专业结构，提高本科生应用型人才培养比例，到2020年使基础学科与应用学科培养比例由现在的1∶7调整到1∶10；国际（海外）学生达到在校生总数的10%。

（2）打造一流品牌专业，构建特色通识教育与专业教育体系。加强基础学科拔尖人才、应用学科卓越人才、交叉学科复合人才三类拔尖创新人才培养和模式创新，办好国家试点项目"泰山学堂"，使其成为一流科学家的摇篮和国家基础学科拔尖人才培养重地；加强国家级人才培养基地、国家级特色专业、国家级创新实验区等国家实验项目建设，争取更多项目进入国家队；推进校—校、校—所、校—企协同创新人才培养，把"华罗庚班""严济慈物理英才班"等建成国家协同创新人才培养的试验田和示范模式；依托学校科研优势，重点打造"金融数学与金融工程""国学班"等15~20个跨学科、有特色、国际知名的品牌专业。推进教学内容和教学方法改革，建立完善的通识教育和专业教育课程体系。加强通识教育课程尤其是通识教育核心课程建设，5年内建成300门高水平通识核心课；强化学科平台课和专业平台课建设，到2020年，使我校每位教师平均开课2门以上，学校课程总量达到10000门，较2010年增加超过50%；推进双学位和主辅修，参与学生达到40%。

（3）加强过程管理，全面提高研究生培养质量。以培养具有创新能力和国际视野的拔尖人才为总体目标，全面提升研究生培养质量。适时修订研究生培养方案，将全英语教学课程纳入到新的培养方案中；建立健全研究生的讨论会制度；规范开题报告、中期考核、论文撰写、论文预答辩和答辩等环节；提高研究生特别是博士生的学术产出，优秀博士论文数量稳居全国高校前列。

（4）完善素质教育体系，促进学生全面发展。完善校院两级创新教育平台，加强创新创业核心课程、训练项目和竞赛项目建设，构建贯穿整个本科生培养过程的创新教育体系，提高学生参与科学实验、生产实习、技能实训的比例，到2020年，使100%的学生受到基本的创新思维和科研方法训练，50%的学生能够进入各级平台从事创新实践活动，20%的学生能够做出高水平的科研成果，大幅提升大学生创新和创业能力，主要创新教育指标稳居国内高校前列；推动"三跨四经历"向纵深发展，完善政策、创造条件，鼓励学生跨学科、跨校园、跨国境学习，丰富学生4种学习经历，使学生的眼界更加开阔，知识结构更趋合理，在全面发展的基础上又学有所长；实施学生人格培育工程，培养基础扎实又敢于创新、作风朴实又善于沟通、做事踏实又勇于进取的高素质人才。

（5）加强国际教育合作，推进人才培养的国际化。加强国际化教育教学平台建设，逐步构建与世界一流大学相称的人才培养环境。优选 10～15 个具有特色和优势的本科专业，与世界一流大学建立大规模、实质性合作，实现师资和资源共享、学生交流和互换、学位互授和联授，打造国际化的本科教育平台；全面建设国际化的研究生课程体系，到 2015 年，开设不少于 30 个系列、360 门的全英语课程，到 2020 年，全英语教学要覆盖 60% 以上的研究生课程；设立山东大学学生海外留学基金，并积极利用国家的各项政策和海内外各种资源，大幅提升山大学生海外留学和访学的比例，2015 年，具有半年以上海外交流学习经历的本科生和研究生达到在校生的 15%，2020 年，超过 20%。

人才培养主要指标

指标类型	2015 年	2020 年
本科生招生规模（人/年）	10000	10000
硕士生招生规模（人/年）	5500	6500
博士生招生规模（人/年）	1500	2000
累计获得全国优秀博士学位论文（篇）	30	40

战略举措与实施保障

第一，建设青岛校区，构建山东大学系统。

基本完成集高端性、国际性、特色性、标志性和绿色性于一体的青岛校区建设，充分发挥青岛市的资源与区位优势，全面拓展学校发展空间，克服制约学校发展的诸多困难，为创建世界一流大学奠定坚实基础。

（1）建设青岛校区，拓展学校发展空间。完成青岛校区基本建设，彻底改变山东大学教学科研用房严重短缺、基础设施老化、空间结构不合理的现状。高标准地做好校园规划设计和基本建设工作，充分发挥青岛得天独厚的地缘优势，营造良好的工作生活环境。发挥青岛市和山东大学的名城名校效应，强强联合，优势互补，全面拓展学校发展的资源空间，广泛吸引和凝聚社会资源参与办学。有效利用青岛国际开放的滨海城市特色，探索高水平中外合作办学模式，建立具有区域特色的国际教育合作与交流平台。

（2）着眼战略性新兴科技领域，建设高端学术平台。准确把握蓝色经济发展需求，在青岛校区积极布局战略性新兴科技领域，在新能源、新材料、绿色制造、信息技术、海洋工程、环境工程等领域，与青岛市及有关高科技企业重点合作建设若干具有国际水平的科研平台，集中优势资源着力发展10个左右对国家科技进步、社会经济发展具有重大影响的学科群。着力提升自主创新和成果转化能力，承接国家重大科研任务和解决经济社会发展重大问题的能力。把青岛校区建设成为高端学术和应用技术研究基地，高端人才的聚集和培养基地，高端技术成果的孵化和产业化基地，高端国际学术交流基地，为国家和区域经济建设和社会发展提供科技和人才支撑。

（3）创新办学模式，构建山东大学系统。在"十二五"期间，以建设青岛校区为契机，基本建成济南、威海、青岛三地办学，统分结合、优势互补、各具特色、一体发展的山东大学系统。建立健全整个山东大学系统统一的办学标准和质量保障体系。威海校区在打造已有"空间科学""海洋科学"和"韩国教育与研究"三大特色的同时，要加大高层次人才引进和培养力度，加快发展新的特色学科，着力提升校区学术竞争力。青岛校区定位为高端科技创新基地，学科设置以理工为主，辅之以其他必要学科，学科建设以增量为主。济南校区作为大学系统的核心，着力发展现有优势和特色学科。

第二，深化改革，建立与世界一流大学相适应的内部管理制度。

为尽快缩小与世界一流大学的差距，迫切需要先行改革学校内部管理体制和运行机制，大幅提高管理服务水平，进一步激发学校的学术创新潜力。

（1）优化学校治理结构，建立现代大学制度。坚持依法办学，制定并颁布《山东大学章程》，构建现代大学制度。坚持党委领导下的校长负责制，按照民主集中制原则，完善校内民主决策体系，规范重大事项、重大问题决策程序，健全监督检查和责任追究制度。优化学校行政管理体系，提高行政执行力与行政效率。进一步完善学术委员会制度，规范学术评价、评审和学术决策咨询程序，保障学术自由，充分发挥教师在学术活动中的主体作用。完善教职工代表大会和学生代表大会制度，推进民主管理和有效监督。

（2）推进人事分配制度改革，完善人才激励机制。坚持"人才强校"战略，按照建设世界一流大学的目标要求，逐步推进劳动人事分配制度改革，最大限度地激发人才创新活力。

进一步深化用人制度改革，按照按需设岗、公开招聘、平等竞争、择优聘任、严格考核、合约管理的原则，规范编制管理和岗位设置，对教师等各类人才全面推行教师职务聘任制和全员聘任制。逐步实现保险福利社会化，形成完善的社会保障体系。推行"非升即转""非升即走"的用人机制，实行人员分流，建立"竞争上岗、择优聘用""能进能出、能上能下"的竞争机制。

实施人才分类管理，改进各类人才和团队的评价标准，建立符合不同类型、不同层次人才特点的考核评估体系。改革分配制度，改善分配体系，建立有利于优秀人才脱颖而出的激励机制，充分发挥绩效薪酬对职工积极性的调动作用。

（3）改革管理体制和运行机制，建立适应研究型大学发展要求的内部组织架构。本着转变职能、理顺关系、优化结构、提高效能的原则，推进学校管理机构大部门制改革，精简学校行政管理机构。构建决策科学、权责明晰、分工合理、执行顺畅、协调高效的学校内部管理运行机制，全面提高机关服务水平和科学化管理水平。

尊重科学自身发展规律，建立与研究型大学相适应的科研管理体制，以研究机构（研究院、中心、所和实验室）为主体，重组学术组织架构。基于知识之间的天然联系或学科高度综合的趋势，按照学科门类或学科集群的口径，实行学部制或大学院制，学部（学院）负责组织实施本学部（学院）的本科教学工作。对于缺乏学术创新能力，又不从事公共教学和通识教育的机构，通过强化其社会服务和创收能力，逐步实现功能转型和人员分流。同时组建高水平的职业教育学院，统筹全校职业教育。

进一步完善学校—学部（学院、研究机构）两级管理体系，管理重心下移，拓展学部（学院）组织教学和研究机构组织科研的主体职能。实行 PI 制（学术带头人负责制），落实研究机构负责人职责，充分发挥学者在学术活动中的主体作用。

（4）加强顶层设计，优化资源配置。加强顶层设计，确立资源配置向战略重点和关键领域倾斜的政策。强化投入产出分析和学术绩效评估，统筹安排"985 工程""211 工程"和"2011 计划"建设的投资，加大重点学科建设和高层次创新队伍建设资金支持力度。强化成本与效益意识，规范专项投资论证制度和稽核审计制度，加强专项资金管理和监督，提高资金使用效益和效率。

第三，实施国际化战略，大幅度提高学校国际影响力。

进一步拓展国际合作规模与层次，构建高层次的国际合作网络，在队伍建设、人才培养、科学研究等各个领域开展广泛深入的国际合作与交流，全面提升学校国际竞争力和影响力。

（1）推进师资国际化，努力提升在国际学术活动中的主导权和话语权。大幅增加外籍教师的数量，吸引世界一流的专家学者和学术团队来校从事教学科研工作或进行学术交流；大幅提高海外博士或博士后教师比例；重点支持学科带头人参加海外学术活动，提高国际竞争力和学术话语权，培养具有国际影响力的学术领军人物。

（2）强化与国外一流学术机构的合作，积极占领国际学术前沿。与30所世界一流大学建立并保持紧密的战略伙伴关系。贯彻"走出去"战略，选择优势和特色领域，与世界一流大学或科研机构共建高层次的国际科研合作平台，联合推进高水平基础研究和高技术研究；建设对国际学者有较大吸引力的学术基地和具有世界影响力的前沿学科；关注当今人类发展及全球热点问题，主动参与全球性或区域性的重大科研合作项目，全面提升学校国际科研竞争力。

（3）推进学生培养国际化，造就具有国际竞争力的高层次人才。建设一流的国际化精品课程和国际化专业，积极发展高质量的国际合作办学；拓展学生留学与互换培养项目，大力支持学生参与国际联合培养和海外交流学习；改革留学生培养体制，扩大留学生培养规模，提高留学生培养质量，2015年，留学生招生数达到当年学校招生总数的10%，2020年达到15%。

（4）加强对外文化交流，促进文明对话与文化融合。发挥山东大学文史见长的传统优势，广泛开展国际学术和文化交流活动，推动不同文明之间的对话与融合；加强儒学高等研究院、犹太教育跨宗教研究中心、考古与文化遗产研究院等学术机构建设，形成多元文化传播与融合平台；发起和建立具有国际影响力的论坛、研讨会和文明对话机制，树立品牌，形成特色；建立常设的中国研究全英文授课特别学分项目，深入持续推动中国文化传播；加强海外孔子学院建设，发挥孔子学院的中外文化融合功能，服务于国家发展战略，为人类的和谐发展做出贡献。

第四，拓展大学第四功能，引领社会文明进步。

（1）加强文化传承创新，建设受人尊敬的大学。发挥学校得天独厚的地缘优势、文史见长的学科优势、底蕴深厚的文化优势，加强传统文化的前沿性和基础性研究，全面振兴中华古典学术，打造研究和传承中国传统文化最具代表性的大学；继承发扬中华民族的优秀传统价值观和民族精神，吸纳世界先进文化之精髓，推进社会主义核心价值体系建设；加强德行建设，"明德""正道""求善"，建设社会道德高地，引领社会文明风尚；努力把山东大学建设成为彰显德行、思想性、创新性和特色性的受人尊敬的大学，使之成为推动社会主义文化大发展大繁荣的重要力量。

（2）发扬优良办学传统，建设具有山大特色的校园文化。秉承"为天下储人才，为国家图富强"的办学宗旨，谨遵"学无止境，气有浩然"的校训，继承发扬"崇实求新"的优良校风；弘扬爱国精神、科学精神、人文精神和改革创新精神；坚持学术至上的办学理念，维护学术自由和学者尊严；严肃学术纪律，坚决遏制学术腐败，对学术不端行为采取"零容忍"政策。实施文化建设工程，加强文化阵地和文化环境建设，打造具有时代特点和山大特色的校园文化。

（3）博扬"绿色文化"，建设"绿色大学"。顺应生态文明的发展方向，建设人与自然和谐发展的"绿色文化"。营造绿色的大学人文环境，将绿色理念渗透到教育教学和人才培养过程中，以绿色理念引领校园基础设施建设。积极倡导厉行节约、保护环境的校园风尚，开展全方位的环境保护和可持续发展意识教育，不断提高广大师生的"绿色"意识和"绿色"素养，养成低碳环保的生活习惯。

（4）发挥文化中心作用，引领社会文明进步。提高公共文化设施的数量和服务质量，强化学术出版和学术传播，弘扬以齐鲁文化为代表的优秀传统文化；全面开放图书馆、博物馆、中华文化体验馆、体育馆等文化体育设施，积极参与社区文化建设，开展系列文化普及活动，提升公民文化素质；发展公共管理硕士、工商管理硕士、公共卫生硕士、工程硕士、法律硕士等专业学位教育，构建高水平的终身教育体系；开放学校优质教育资源，积极开展各级各类培训；广泛开展社区教育服务，提高公众科学和人文素质，成为学习型社会的重要建设力量。

第五，广聚财源，保障高水准的教学、科研和生活条件。

（1）拓展收入渠道，保障办学经费投入。建立政府主导、社会参与、办学主体多元、办学形式多样、充满生机和活力的办学体制，通过省部共建、校地共建、校企共建等多种途径，保障学校办学经费的稳定增长，在2010年的基础上，力争每5年翻一番，2020年学校总收入达到120亿元。

抓住国家加大教育投入的有利时机，积极争取各级政府多层次、多形式的共建，以及经费与政策支持，利用一切有利因素促进学校拨款增长；依托校董会、教育基金会、校友会平台，大力开拓面向社会、面向市场的多元化筹资渠道，积极争取广大校友和海内外人士对学校建设与发展的支持；加强校企合作，推进产学研结合，在为企业提供科技与人才服务的同时争取企业界支持；推进校办产业规范化建设，提升产业创新和盈利能力；通过合作办学等方式吸收社会资金和外资，培育新的收入增长点，大幅增加教育服务收入。

（2）改善办学条件，提高信息化水平。结合青岛校区建设，修订校园建设总体规划，明确、优化各校园功能定位，加快校园基本建设，有计划地更新、改善校园设施、设备条件，尤其是大幅度增加科研空间，到 2020 年教学科研用房面积达到 300 万平方米，基本满足创建世界一流大学的空间要求。建立服务主导型数字化图书馆系统和协调统一、布局合理、集中共享的文献资源收藏和管理体系，图书馆藏书量突破 700 万册，电子数字资源突破 6 万 GB。优化学校网络资源配置，完善校园网络服务系统，建设统一的数据平台、身份认证平台和信息门户平台，实现各部门、单位的数据交换和共享。建设网上教育教学资源中心、网络在线教学系统和网上虚拟实验室，完善数字化学习环境。推进实验室建设，建成若干跨学院的公共实验大平台和实验示范中心。分类推进后勤社会化改革，引进优质社会服务资源提升后勤管理与服务水平，形成合理的后勤经费分担机制和服务质量监管体系，为学校事业发展提供优质后勤服务保障。

（3）实施民生工程，提高教职工待遇，改善师生生活条件。坚持"以人为本"，关注民生，重视教职工利益诉求，改善教职工住房条件；理顺社区管理体制和运行机制，优化住宅区环境。提高校医院医疗水平和服务质量。做好离退休老同志的服务工作，解除广大教职工后顾之忧；建立教职工收入稳步增长的长效机制，保证教职工个人收入平均增长幅度不低于学校可支配收入增长水平。进一步提高奖学、助学力度，完善学生激励保障机制。改善学生住宿条件，到 2015 年，实现研究生生均住宿面积 12 平方米以上，本科生生均住宿面积 8 平方米以上。加强文明校园、平安校园建设，为师生提供良好的生活工作环境。

第六，加强党的建设，为建设世界一流大学提供坚强思想组织保障。

加强领导班子的思想政治建设、组织建设和作风建设，全面提高领导班子的思想政治素质、理论政策水平和驾驭全局、办学治校的能力。

完善干部选拔任用、培养管理、考核监督工作体系，建设一支敬业务实、协作创新的高素质职业化的管理干部团队。

贯彻《高等学校基层组织工作条例》，加强基层党组织建设，提高基层党组织工作的科学化水平。完善党员学习教育和党员管理监督与民主参与党内事务的长效机制，健全发展党员的工作机制，进一步提高党组织的创造力、凝聚力和战斗力。

加强党风廉政建设，把党风廉政建设责任制纳入世界一流大学建设事业当中。建立健全监督制约机制，推进廉政风险防范管理工作，推行党务和校务信息公开制度，落实招投标和"收支两条线"管理规定，健全"三重一大"集体讨论决定制度，实行责任追究。

加强宣传与思想政治工作，紧密结合世界一流大学建设任务和师生员工思想实际，积极探索新形势下思想政治教育的新途径和新方法，增强思想政治工作的时代感和针对性。牢固树立"育人为本，德育为先"的观念，加强师德师风建设，全面实行专任教师任学生班主任制度，扎实做好教书育人工作。完善学生人格培育体系，切实加强辅导员队伍建设，选择最富爱心、最具责任感的教师任辅导员。加强统战和群众工作，调动一切积极因素，为创建世界一流大学提供坚强的政治保证、思想保证和组织保证。

2 今日山大

山东大学济南校区

山东大学是国内外具有重要影响的教育部直属重点综合性大学，是国家"211工程"和"985工程"重点建设的高水平大学之一。

山东大学规模宏大，总占地面积8000余亩（含青岛校区约3000亩），形成了一校三地（济南、青岛、威海）八个校园（济南中心校区、洪家楼校区、趵突泉校区、千佛山校区、软件园校区、兴隆山校区及青岛校区、威海校区）的办学格局；现有4所附属医院，3所非隶属附属医院，11所教学、实习医院；拥有在职教职工7782人（不含附属医院）；各类全日制学生达6万人。学校本科生和研究生层次教育涉及12大学科门类，拥有一级学科博士学位授权点40个，一级学科硕士学位授权点55个，专业学位博士点3个，专业学位硕士点27个，本科专业118个，博士后科研流动站38个，形成了结构完整、实力雄厚、独具特色的人才培养体系。学校拥有一级学科国家重点学科 2 个（涵盖 8 个二级学科）、二级学科国家重点学科 14 个、二级学科国家重点培育学科 3 个，国家级科研平台 8 个，国家"111 创新引智计划项目"5 项，教育部人文社会科学重点研究基地 4 个，另有大批部省级重点实验室和省级工程技术研究中心。

近年来，山东大学在科学研究、师资建设、人才培养和国际合作等方面取得了显著成绩。目前，学校 9 个学科的学术影响力和贡献能力进入 ESI 世界排名前 1%；在新一轮学科评估中，10 个学科进入全国前 10 名，其中，数学、考古学 2 个学科排名第三，中国语言文学排名第五。学校启动实施"十百千人才计划"，逐渐形成一批具有世界一流水平的创新团队，会聚和造就了一批站在世界学术前沿的领军人物。目前，诺贝尔文学奖获得者莫言、瑞典皇家理工学院教授罗纳德、丹麦皇家科学与文学院院士颜斯乌斯特普加盟我校。有中国科学院和工程院院士 8 人，双聘院士 45 人，终身教授 11 人，人文社科一级教授 16 人，"千人计划""长江学者""国家杰出青年基金获得者""泰山学者"等 150 余人。学校以国家人才战略需求为导向，建立"基础学科拔尖""应用学科卓越"和"交叉学科复合"等多种人才培育模式，人才培养质量不断提高。在全球化背景下，学校还启动实施"世界名校合作计划"，与耶鲁大学、芝加哥大学、多伦多大学等 10 余所世界一流名校建立校际姊妹关系，开展交流合作，不断提升国际化水平。

科研条件建设得到加强。晶体材料国家重点实验室免评获得优秀评价；"儒学与中华文化复兴""金融风险定量计算与控制"两个国家级协同创新中心培育工作进展良好；数字媒体创意设计教育部工程研究中心获批立项建设，2个教育部国防科技重点实验室顺利通过验收；4个协同创新中心获山东省高等学校协同创新中心立项建设。获得各类自然科学基金项目617项，其他新上国家及省部级各类纵向计划项目441项，国防基础重大研究计划获得立项，签订横向技术合同851项。获得国家社科基金重大项目、年度项目等38项，教育部人文社科重大项目、年度项目等45项。2013年我校科研经费达到7.6亿，较2012年增长3.05%。

科学研究实力稳步提升。专利申请量增长10.6%，专利授权量增长17.3%。科学引文索引扩展版（SCIE）排名全国高校第九位。在科学引文索引（SCI）收录中国学科领域科技论文机构排名中，数学领域列第四位，生物领域列第六位，医学领域列第九位。中文社会科学引文索引（CSSCI）收录论文1192篇。我校参与的AMS项目取得重要阶段性进展。国家社科基金重大委托项目"《子海》整理与研究"首批成果在济南和台北两地发布，获得学术界好评。《文史哲》杂志入选中国"百强报刊"。

本科人才培养体系逐步完善，本科生源质量进一步提高。强化教授上课制度，教授上课率近90%。启动学分制改革，推进人才协同培养，与中科院协同育人计划项目达到8个，列全国高校第一。本科教学工程建设成果显著，20门课程入选国家级各类精品课程。本科学生在各类创新竞赛中，获得国家特等奖 1 项，一等奖 31 项，二等奖 80 项，三等奖 29 项；一次就业率为 91.62%，被评为"2012～2013 年度全国毕业生就业典型经验高校"。

研究生培养保障体系不断强化。启动博士生招生申请审核制改革，扩大博士生导师的招生自主权。全英文课程建设初见成效。博士研究生马衍东获得"中国青少年科技创新奖"；王朋的博士学位论文获评"2013 年全国百篇优秀博士学位论文"；博士研究生郭江峰的学术论文入选"2012 年中国百篇最具影响优秀国内学术论文"。毕业研究生一次就业率为92.38%，较 2012 年增长 11.23%。

服务地方工作稳步推进。继续推动与济南、青岛等地市的校地合作，积极推动与国家电网、海信集团、潍柴动力、北汽福田等大型企业集团的校企合作。与福田汽车集团共建"山东大学福田汽车研究院"，与 14 家企业建立产学研合作关系。完成筹资总额 10860 万元，获得国家捐赠配比奖励资金 1221 万。

国际合作与交流呈现新局面。推进实施"世界名校合作计划"，新签校级合作协议 15 个，续签协议 10 个。授予或聘任哈佛大学约瑟夫·奈教授和麦克尔·赫兹菲尔德教授、台湾星云大师等世界知名学者 10 人各类名誉学衔。与澳大利亚南澳大学共建"中澳健康研究中心"并开展项目合作。留学生录取专业日趋多元，结构更加合理。外专引智专项获得国家经费支持 909 万，"111 计划"增至 5 个。此外还获评全球"孔子学院先进中方合作院校"。

在新的历史时期，面对前所未有的机遇和挑战，山东大学提出了"在建校 120 周年时初步建成世界一流大学"的宏伟目标。在新的历史起点,山东大学将抓住机遇,坚持走内涵发展、质量发展、特色发展道路,坚持学术立校、人才强校、特色兴校、依法治校战略,大力推进国际化,为实现建设世界一流大学的新的办学目标而不懈努力!

山东大学威海校区

山东大学(威海)创建于 1984 年,是我国高等教育史上第一所经教育部批准建立,由山东大学与威海市政府联合共建的多学科、开放式、综合性大学校区。

山东大学威海校区

20 世纪 80 年代,随着改革开放不断深入,高等教育迎来了快速发展的宝贵机遇。山东大学发扬敢为天下先的优良传统,提出了在山东沿海选择 1 个各方面条件较好的城市建 1 所分校的办学思路。经与威海市人民政府协商,1984 年 11 月 1

日，山东大学与威海市举行了《关于建立山东大学威海分校的协议书》签字仪式。11月16日，教育部下发批复，同意在威海西郊玛珈山下建立山东大学威海分校。

1985年，山东大学威海分校创建工作进入设计、勘探、施工阶段。1987年9月15日，中文系、计算机系第一批新生入学。28日，山东大学威海分校举行了首届开学典礼。开创了我国高等学校与地方联合共建大学的先例。

1988年，控制工程系、电子信息工程系、经济学系建成招生。

1991年，学校增设了外语系。1993年5月，威海分校毕业生毕业证书盖山东大学的钢印和校长印章。1994年，学校设立国际教育交流学院，开始招收留学生的工作。

1995年，学校与威海市海洋水产局联合共建的水产系成立，法律系成立。1996年，成人教育学院成立。至1998年，山东大学威海分校建设了水产化学楼、留学生楼、第一食堂、9栋教工宿舍和两栋学生宿舍楼，学校建筑面积63899平方米，在校生数1962人，教职工396人，共8个系2个院，构建起以本科教育为主，专科生、留学生、成人教育相结合的办学体系。

2001年，学校完成了十大基本建设项目，新建了艺术系，新增音乐学、自动化、生物科学、新闻学等4年本科专业，1个专科专业，在8个专业10个方向上招收了18名硕士研究生。经教育部批准，从这一年开始，学校向毕业生颁发山东大学毕业证书和学位证书。

2002 年 5 月，时任中共中央政治局常委、国务院副总理李岚清视察分校，充分肯定了学校的工作，并要求做好服务地方工作和加强特色学科建设。学校新建了数学系，新增数学与应用数学、美术学、人力资源管理、电子商务、行政管理 5 个本科专业，并在 12 个专业 17 个方向上招收了 30 名硕士研究生，首次实现了研究生的全过程独立培养。2003 年，学校创建了韩国学院，这是全国高校第一个以韩国为教育、研究、交流对象的专门学院。还与国家天文台合作创办了空间科学与应用物理系。4.3 万平方米的综合教学主楼全部投入使用，艺术楼、科学实验楼、国际学术中心、文汇苑等一批教学住宅设施也交付使用。学校的教学、科研、工作、生活环境和条件得到较大改善。

2004 年 6 月，学校实施学院建制，在原有相关系的基础上成立了新闻传播学院、翻译学院、商学院、法学院、艺术学院、信息工程学院和海洋学院。

2008 年 4 月，学校成立空间科学与物理学院和数学与统计学院。2009 年 3 月，校长徐显明到威海分校调研，提出"统分结合、优势互补、各具特色、一体发展"的"大山东大学"发展架构。当年，山东大学威海分校与山东大学统一了本科生毕业证格式。

2012 年 9 月 20 日，山东大学经研究决定，山东大学威海分校更名为山东大学（威海）。

截至 2013 年 10 月，学校占地 1600 余亩，设有 10 个学院和 2 个教学部，44 个本科专业，61 个硕士专业，20 个博士专业，涵盖文学、艺术学、法学、经济学、管理学、理学和工学七大学科门类，已形成了培养博士生、硕士生、本科生、留学生等多层次的教育体系，同时可在法学、政治学、物理学、应用经济学、中国语言文学、生物学、机械工程、外国语言文学、数学 9 个一级学科招收博士后。现有全日制统招本科生 13700 余人，留学生近 500 人，博硕士研究生 967 人；教职工 1200 余人，其中教授、副教授 406 人，博士、硕士生导师 222 人。

山东大学青岛校区

山东大学青岛校区位于中国东部国际著名港口城市——青岛市，校区选址于黄海之滨、崂山之麓、鳌山湾畔的青岛蓝色硅谷核心区。校区总建筑面积约 137.12 万平方米，项目总投资约 63.86 亿元，项目拟分三期工程进行建设，建成后可满足 25000 名学生和 4000 名教职工的学习、生活和科研需要。山东大学青岛校区定位为：以理工科为主，辅之以其他必要的学科，将其建设成为高端学术和应用技术研究基地，高端人才的聚集和培养基地，高新技术成果的孵化和产业化基地，高水准的国际学术交流基地。青岛校区建设是我校打造"济南—青岛—威海"山东大学系统的重要举措。

山东大学青岛校区的规划以临山滨海的胜地为契机，以"跨越历史的栈桥"为规划理念，通过布局、符号及材料的使用，营造理性秩序，为教学、科研创造出便捷、高效、优美、典雅的氛围。在建筑风格的设计上，传承中国儒学的中庸、对称、内敛等文化传统，借鉴经典大学校园院落布局模式，张扬青岛"红瓦绿树、碧海蓝天"特色景观和建筑气韵，通过国际化的建筑语言，体现山大独特的办学理念和校园文化，着力追求一流的设计标准，凸显绿色化、智能化、开放化的校园风格。

根据教育部批准的建设计划，青岛校区全部工程分三期建设。其中位于校园南侧的一期工程计划总投资 35 亿元，建筑面积 70 万平米；2013 年开工建设，2015 年年底、2016 年年初完成，并于 2016 年开始启用，可满足 1 万名学生和 2000 名教职工学习、生活和教学科研需要。

截至 2014 年 2 月，教育部关于山东大学青岛校区一期规划建设 15 个项目的可行性研究报告的批复已全部下达，中央专项资金、山东省专项补助资金和青岛市共建经费已全部落实并陆续到位，能够满足一期工程的建设资金需求。

青岛市作为"山东半岛蓝色经济区"这一国家战略规划的核心区域和龙头城市，与世界上 150 多个国家和地区有着广泛的经济、文化、教育、体育等多方面联系和交流，外资企业集中，开放程度高。在这里建设新校区和科技研发基地，将增加对杰出人才的吸引力，有利于实现学科、人才、知识、技术、信息、资源的聚集效应，提升学校的办学特色。

山东大学青岛校区所处的蓝色硅谷核心区紧紧围绕"中国蓝色硅谷，海洋科技新城"的发展定位，着力打造山东半岛蓝色经济区的引擎、国家海洋自主创新示范区和国家科技兴海示范基地。目前区域内已经规划聚集了包括国家深海基地、青岛海洋科学与技术国家实验室等在内的一大批顶尖科研机构以及微软、甲骨文、华硕等国际高科技产业园区。根据规划，除高科技区以外，校区紧邻的是温泉度假区，以旅游项目为主，所以周边 50 公里范围内基本没有工业项目，污染风险相对较小。在环境优美，国家级科研机构、高端国际人才及高科技、创新型产业聚集的蓝色硅谷核心区建设新校区，将为山东大学创建"世界一流大学"的宏愿奠定物质基础。

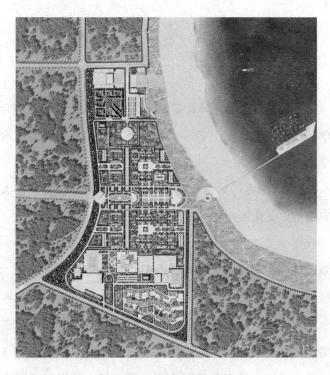

山东大学青岛校区规划图

后 记

山东大学是国内外具有重要影响的教育部直属重点综合性大学,是国家"211 工程"和"985 工程"重点建设的高水平大学之一。

《山东大学史话》是社会科学文献出版社承担实施的大型国家级历史文化系列丛书之一。

收到"关于商请编撰出版'十二五'国家重点图书出版规划项目《中国史话》系列《山东大学史话》"的公函后,张荣校长批示:这是宣传山大,扩大影响的好机会,请校办牵头,组织校内相关力量做好这件事情。校长办公室将此项工作交给校史办公室去做,随后校史办公室根据要求上报了《山东大学史话》选题表和编写大纲,并组织力量按照编写大纲撰稿。

《山东大学史话》主要依据《山大第一》中的重大事件和著名人物,本着"史料真实,可读性强"的原则编写而成,全书分为饱经沧桑、几多辉煌、宗师荟萃、桃李芬芳、创建一流五个部分。本书由学校党委常务副书记李建军审稿，刘培平、李彦英主编，耿德良、张立华等参与编写、校对。在此也非常感谢《中国史话》编委会及社会科学文献出版社相关工作人员的鼎力协助和辛勤付出。

作为学校开展校史教育、普及校史知识的一种尝试，本书因编者水平有限，错误在所难免，敬请读者见谅。

《山东大学史话》编委会

2015 年 10 月 22 日

史话编辑部

主　任　袁清湘

成　员　（以姓氏笔画为序）

　　　　王　和　　王　敏　　王玉霞　　李艳芳

　　　　杨　雪　　杜文婕　　连凌云　　范明礼

　　　　周志宽　　高世瑜

图书在版编目（CIP）数据

　　山东大学史话／刘培平，李彦英主编. -- 北京：
社会科学文献出版社，2016.9
　　（中国史话）
　　ISBN 978 - 7 - 5097 - 9107 - 3

　　Ⅰ. ①山…　Ⅱ. ①刘…　②李…　Ⅲ. ①山东大学 - 校
史　Ⅳ. ①G649. 285. 23

　　中国版本图书馆 CIP 数据核字（2016）第 096241 号

"十二五"国家重点图书出版规划项目

中国史话·文化系列
山东大学史话

主　　编／刘培平　李彦英

出 版 人／谢寿光
项目统筹／袁清湘　谢 安　　责任编辑／杨 雪　智 烁　王 和

出　　版／社会科学文献出版社·史话编辑部（010）59367143
　　　　　地址：北京市北三环中路甲 29 号院华龙大厦　邮编：100029
　　　　　网址：www. ssap. com. cn
发　　行／定制出版中心（010）59366509　59366498
　　　　　市场营销中心（010）59367081　59367018

印　　装／三河市尚艺印装有限公司
规　　格／开本：889mm × 1194mm　1/32
　　　　　印 张：7. 375　插 页：0. 25　字 数：151 千字
版　　次／2016 年 9 月第 1 版　2016 年 9 月第 1 次印刷
书　　号／ISBN 978 - 7 - 5097 - 9107 - 3
定　　价／25. 00 元